AF338568

SOUVENIRS

D'UN

VIEUX GROGNARD

BIBLIOTHÈQUE " HISTORIA "

MÉMOIRES DE LA FEMME

Publiés sous la direction de F. Castanié

MADAME DE POMPADOUR, d'après le journal de sa femme de chambre. Préface de Marcelle TINAYRE.
Un beau volume in-8° écu, avec un portrait en couleurs et 46 illustrations hors texte, tirées sur fond chine. Prix, broché. . . . 6 fr. »

NAPOLÉON ET LA REINE HORTENSE, d'après le journal de la lectrice de la reine. Préface de Marcelle TINAYRE.
Un beau volume in-8° écu, avec un portrait en couleurs et 32 illustrations hors texte, tirées sur fond chine. Prix, broché.. . . . 6 fr. »

LE RÈGNE DE L'AMOUR

REINE ET FAVORITES. Un beau volume in-8° écu, avec un portrait en couleurs, 32 illustrations hors texte, tirées en tons sur fond chine. Prix, broché. . . . . 6 fr.

PETITS MÉMOIRES DE LA GRANDE ARMÉE

Publiés sous la direction de F. Castanié

SOUVENIRS DE GLOIRE ET D'AMOUR du lieutenant-colonel PARQUIN, Un beau volume in-8° écu avec un portrait en couleurs et 32 gravures hors texte, tirées sur fond chine. Prix, broché. . . . . . . 6 fr. »

FRANÇOIS CASTANIÉ

L'HISTOIRE VUE PAR LA POLICE

LES INDISCRÉTIONS D'UN PRÉFET DE POLICE DE NAPOLÉON. Un beau volume in-8° écu avec un portrait en couleurs et 32 illustrations hors texte tirées en ton, sur fond chine. Prix, broché. 6 fr. »

OUVRAGE DU MÊME AUTEUR

MÉMOIRES DU PORTE-DRAPEAU, LOUIS-FRANÇOIS ORSON (1789-1799). Préface par Arthur CHUQUET, de l'Institut, un vol in-18. Prix. 3 fr. 50

PETITS MÉMOIRES DE LA GRANDE ARMÉE

Publiés sous la Direction de F. Castanié

SOUVENIRS

D'UN

VIEUX GROGNARD

PAR

Le Capitaine J.-R. COIGNET

Nous étions 25.000 bonnets à poil,
et des gaillards !

BIBLIOTHÈQUE "HISTORIA"

Librairie Illustrée, Jules TALLANDIER, Éditeur

75, Rue Dareau, 75 (xive)

PRÉFACE

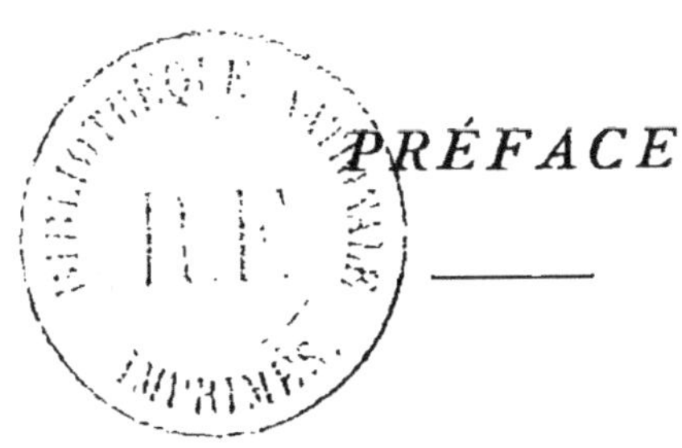

Ce n'est pas de l'Histoire, c'est simplement son histoire qu'il écrit, nous dit Coignet. Et combien il se trompe ! C'est de son récit et de récits analogues que se composera l'Histoire des guerres de la Révolution et de l'Empire, quand on l'entreprendra plus tard avec la seule préoccupation de la vérité.

Aujourd'hui, ces témoignages sont encore trop peu nombreux, ou trop peu importants. Combien furent-ils, ces gars de village, partis un jour pour la conquête du monde, qui ressentirent, de retour aux foyers, l'ardent besoin de raconter l'Épopée, de laisser le récit de ces exploits dont les noms d'or ont tissé le poème de nos drapeaux ?

S'ils sont déjà une cinquantaine, très divers d'ailleurs d'intérêt ou d'émotion, c'est à peu près tout. Parmi eux, Coignet est au premier rang : par lui nous connaissons l'armée de Marengo, la Vieille Garde et l'état-major de Napoléon, les campagnes du Consulat et de l'Empire ; nous voyons vivre les Vieux de la Vieille, nous entre-voyons l'Empereur. Ces Souvenirs sont le chef-d'œuvre de cette humble et savoureuse littérature de cape et d'épée.

Avant d'aller « acheter du papier, de l'encre et des plumes » pour écrire ses Souvenirs, Coignet, tout vibrant de gloire, contait.

Il contait inlassablement, du matin à la nuit, à la même place, au Café Milon, rue du Temple, à Auxerre, où il s'était retiré à la dissolution des « Brigands de la Loire ». Il conta ainsi trente ans, chaque jour, devant un public sans cesse renouvelé de commis voyageurs et d'amateurs, qui venaient de loin pour l'entendre clamer ses prodigieuses aventures. Qui pourra dire l'influence des conteurs sous le chaume ou de ces bardes d'estaminet sur les agitations de notre pays au siècle dernier ?

Coignet avait, comme il dit, une voix de stentor ; ce qui lui avait valu, un jour de parade au Carrousel, l'honneur de répéter les commandements de Napoléon, qui faisait manœuvrer la Garde Impériale.

Il avait le teint bourguignon, haut de couleur, des yeux étincelants et petits, la bouche énorme, le nez inachevé, le poil dur et dru. Sa force et sa « vivacité » étaient légendaires.

Il gesticulait largement. Ses longs bras scandaient son débit ; de sa canne — un cep de vigne *travaillé d'attributs héroïques — il pourfendait encore d'invisibles poitrines, rompait des crânes, coupait des trognes prussiennes. Parfois, il invitait des auditeurs enthousiastes à venir à la maison, pour voir son outil, le fameux sabre : il l'appelait simplement « le marchand de sommeil ».*

Buveur intrépide, il raffolait des gentils petits vins du pays, qui sont si clairs, si légers, si frais ! Il avait toujours soif ; pourtant jamais sa tête ne s'égarait. Il avait horreur des ivrognes ; le souvenir de l'abominable soûlerie des Russes, au banquet de Tilsitt, lui soulevait le cœur de dégoût.

Il avait aussi connu d'autres ivresses : il fallait l'entendre s'écrier, devant les habitués du cabaret, au récit d'Austerlitz :

« Nous étions là 25.000 bonnets à poil, et des gaillards qui avaient soif de gloire, autant que le grand Empereur ! »

De préférence, il parlait debout, face à la grande salle, appuyé du coude sur le comptoir de la caissière, une femme superbe, dont il était éperdûment et respectueusement amoureux. A cause d'elle, il ne racontait que dans la rue les aventures trop épicées.

Ce grognard, dont la main avait débarrassé la France d'une centaine d'ennemis, avait l'âme tendre. Il pleurait de douleur en racontant 1814, 1815 ; il pleurait de joie à la fin de Marengo, d'Iéna, de Friedland, de Wagram. Les affronts de la Terreur Blanche, de la demi-solde, le fai-

saient toujours rugir ; sa voix devenait toute menue, enfantine, quand il expliquait comment le petit roi de Rome l'avait déplumé.

*
* *

Cet homme, qui à trente ans ne savait pas lire, avait une imagination puissante, un don étonnant pour saisir le trait décisif, l'expression rutilante, le vigoureux détail, qui campent et vivifient l'anecdote.

Jamais de déclamation, pas de tirade, ni de périphrases. Rien que de petites phrases très nettes. Exemple — il charge un troupeau d'ennemis — : « Je me dilatai la rate, je sabrai à mon aise ! » C'est tout. Mais quel raccourci !

Et quelles images puissantes aussi ! Il raconte la marche de la Garde à Austerlitz. « Napoléon, dit notre goguenard, avait voulu faire honneur aux empereurs ennemis, toutes les musiques jouaient, les tambours battaient la charge à rompre les caisses ; c'était à entraîner un paralytique ! » — Après Iéna, il entre à Berlin. « Napoléon s'y présenta à la tête de 20.000 grenadiers, en grande tenue, aussi brillants qu'aux Tuileries, et lui dans son modeste costume, avec son petit chapeau et sa cocarde d'un sol. » — A Essling, les canons autrichiens, en position à quatre ou cinq cents mètres, les couvrent de mitraille ; « les *boulets nous enlevaient des files entières, et les obus faisaient sauter nos bonnets à poil à vingt pieds de haut ».*

Il sait bien qu'il a assisté à des batailles de géants ; il dit de lui : Je suis couvert de gloire. *Il le dit même de ses braves chevaux de guerre, de ses compagnons de fortune qui l'ont tiré de maints mauvais pas.*

Là-bas, à Auxerre, on disait « qu'il se croyait beaucoup, qu'il n'y en avait que pour lui. » Par-bleu !

**
* **

Un jour, des bourgeois émerveillés de ces belles histoires, lui conseillèrent de les mettre par écrit, de les publier en volume. Il ne s'y résigna qu'au moment où, devenu veuf, dévoré de chagrin, la solitude lui devint nécessaire. Il s'y employa trois ans, et la première livraison de l'ouvrage put paraître en 1851, la deuxième ne fut imprimée que deux ans plus tard.

Coignet retourna à son cher café et déposa « son histoire » au comptoir, entre les mains de la caissière toujours superbe. Il fut convenu qu'elle seule aurait le droit de vendre les Souvenirs dédiés aux Vieux de la Vieille. Le produit devait avoir une affection bien originale : le vieux capi-taine déclara que la somme ainsi recueillie ser-

virait à donner un grand repas à tous ceux qui l'auraient accompagné au cimetière, le jour de ses funérailles. Quelques années plus tard, ce souhait se trouva réalisé. Au retour de la cérémonie, après que le grand sabre eut été déposé dans le caveau funéraire, un banquet réunit les amis et les admirateurs du vieux grognard ; suivant son désir la plus franche gaîté ne cessa d'y régner, et, à la fin, on chanta les couplets suivants :

Il fut, dit-on, d'usage aux temps antiques
De célébrer la mort des vieux soldats
Par des festins, agapes héroïques,
Où l'on chantait leur glorieux trépas.
Que ce banquet soit la sainte hécatombe
Du bon vieillard qui veut nous convier !
Un souvenir à ce soldat qui tombe,
Des Vieux Grognards peut-être le dernier ! } bis.

Il fut du temps des soldats d'Italie,
Héros sans pain, déguenillés, fameux,
Que ces trois mots : Gloire, Honneur et Patrie !
Enivraient tous comme un vin généreux !
A notre époque où toute foi succombe,
Ah ! respectons leur talisman guerrier !
Un souvenir à ce soldat qui tombe,
Des Vieux Grognards peut-être le dernier ! } bis.

Il vous disait, les paupières fermées :
« Je vais enfin revoir mon Empereur !
« On l'a nommé, là-haut, dieu des armées. »
D'un vieux soldat, sainte et naïve erreur !...

Erreur... Pourquoi ? Si plus loin que la tombe
Il est pour nous un monde hospitalier !
Un souvenir à ce soldat qui tombe,
Des Vieux Grognards peut-être le dernier ! } bis.

FRANÇOIS CASTANIÉ.

SOUVENIRS

D'UN

VIEUX GROGNARD

CHAPITRE PREMIER

Bonaparte passe. — Le 18 Brumaire.
La bague de Joséphine. — L'escalade du Saint-Bernard.
Bataille de Montebello. — A cheval sur un canon enlevé.
Bataille de Marengo.
La manière de refroidir un canon de fusil.
Le supplice de la cantinière recéleuse.

Le 6 fructidor an VII, deux gendarmes se présentèrent chez M. Potier, pour me donner ma feuille de route, avec ordre de partir le 10 pour Fontainebleau. Je fis de suite mes préparatifs. Mes maîtres voulaient m'acheter un remplaçant ; je les remerciai tout en larmes, et je leur promis de revenir bientôt avec un fusil d'argent, sinon de me faire tuer. Mes adieux furent tristes. Cependant je fus comblé d'égards par tout le monde. Quand je partis, avec mon petit paquet sous le bras, on me conduisit un long bout de chemin, et je fus bien embrassé. J'allai coucher à Rozoy, première étape militaire indiquée sur ma feuille et le lendemain j'arrivai à ma destination.

On faisait alors une levée extraordinaire. Chaque département devait fournir un bataillon auxiliaire de 1.500 à 1.800 hommes, formé de tous les jeunes gens qui avaient de vingt à vingt-cinq ans. Moi, j'avais vingt-trois ans et demi et j'étais incorporé au bataillon auxiliaire de Seine-et-Marne.

Des officiers sortis je ne sais d'où, peu instruits, peu ardents au service, nous reçurent à Fontainebleau. On nous mit dans une caserne en très mauvais état, et l'on avait l'air de ne pas tenir grand compte de nous. Comme la discipline était fort mauvaise, notre bataillon fut à peine réuni qu'une révolte éclata ; la moitié s'en allèrent chez eux. Le chef de bataillon fit son rapport à Paris. On accorda quinze jours aux mutins pour rejoindre le corps, après quoi ils devaient être considérés comme déserteurs et traités en conséquence. Cette menace suffit pour les ramener à la caserne.

Le général Lefèvre vint pour nous organiser : il nous passa en revue dans la cour du Château, fit former les compagnies et tirer les grenadiers. Je fus du nombre de ceux-ci.

On nous habilla promptement, et au grand complet. Deux fois par jour, nous faisions l'exercice, et tous les dix jours, nous célébrions le décadi. Là, il fallait chanter des *Te Deum* et crier : Vive la République ! Puis le soir on dansait dans la grande rue autour de l'arbre de la liberté, en chantant : Les aristocrates à la lanterne ! Comme c'était amusant !

Cette vie dura à peu près deux mois, lorsque tout

à coup la nouvelle circula dans les journaux que Bonaparte était débarqué en France et qu'il venait à Paris. On disait que c'était un grand général ; nos officiers étaient fous de joie, parce que le chef de bataillon le connaissait. Ils nous firent passer des revues de propreté, surveillèrent nos habillements, nous conduisirent à l'exercice du matin jusqu'au soir ; nous avions des durillons aux mains à force de taper sur la crosse de nos fusils.

Bientôt arriva un courrier annonçant que Bonaparte allait passer par Fontainebleau. Dès le matin nous étions sous les armes, et rien ne venait. On ne voulait même pas nous donner le temps de manger. Des vedettes avaient été placées dans la forêt, et à chaque instant, elles criaient : Aux armes! Et tout le monde de se mettre aux balcons, mais en pure perte.

Bonaparte n'arriva qu'à minuit dans la grande rue de Fontainebleau, où il mit pied à terre. Il fut enchanté de voir un si joli bataillon, fit venir tous les officiers autour de lui et leur donna l'ordre de partir dès le lendemain pour Courbevoie. Il remonta dans sa voiture ; et nous de crier : Vive Bonaparte! de rentrer dans nos casernes pour apprêter nos sacs, et de courir le pays pour faire lever les blanchisseuses, et payer nos petites dettes.

A Courbevoie, nous trouvâmes une caserne dépourvue de tout le nécessaire ; même pas de paille pour nous coucher. Nous fûmes obligés d'aller chercher des paisseaux dans les vignes pour nous faire du feu, et faire bouillir nos marmites. Heureusement, nous n'y restâmes que trois jours, après lesquels on nous conduisit à l'Ecole Militaire de Paris. Il est vrai que nous n'étions guère mieux.

On nous mit dans des chambres qui ne contenaient que des paillasses, et au moins cent hommes dans chaque chambre. Un jour, on nous fit une distribution de trois paquets de cartouches à quinze par paquet et peu après nous reçûmes l'ordre de partir pour Saint-Cloud.

En passant sur la place de la Révolution, nous aperçûmes des canons braqués et nous vîmes la cavalerie qui suivait la même route que nous. Les cavaliers étaient enveloppés de grands manteaux gris et montés sur d'énormes chevaux noirs. On nous dit que c'étaient les gros talons, et qu'ils étaient couverts de fer. Mais cela n'était pas vrai. Ils avaient seulement de vilains chapeaux à trois cornes et deux plaques de fer en croix sur la forme de leurs chapeaux. Leurs montures étaient pesantes à faire trembler la terre. Eux-mêmes ressemblaient à de gros paysans. Telle était alors cette portion de notre cavalerie qui fut plus tard remplacée par nos beaux cuirassiers, par *les gilets de fer.*

A Saint-Cloud, nous trouvâmes les grenadiers du Directoire et des Cinq-Cents dans la cour d'honneur, et une demi-brigade d'infanterie près de la grille. On nous plaça, nous, derrière la garde, et tous nous formions la haie pour laisser passage à Bonaparte que nous attendions.

Tout à coup, l'on entend crier : vive Bonaparte ! les

tambours battent aux champs. Il passe, salue tout le monde, s'entretient quelques instants avec les chefs et nous fait mettre en bataille vis-à-vis la salle des séances du Corps Législatif. Il était à pied. Il avait un petit chapeau et une petite épée. Il monte seul les degrés du palais.

Bientôt nous entendons des cris. Bonaparte sort, tire sa petite épée, et remonte avec un peloton de grenadiers de la garde du Directoire. Les cris redoublent. Nous voyons de gros messieurs qui passaient par les croisées. Les manteaux, les beaux bonnets et les plumes tombaient par terre. Les grenadiers arrachaient les galons.

Nous restâmes jusqu'à trois heures, ne sachant pas au juste ce qui se passait, lorsqu'on donna l'ordre à mon bataillon de retourner à Paris. Il était temps, nous mourions de faim. En arrivant, les Parisiens nous serraient de tous côtés pour savoir des nouvelles de Saint-Cloud. La foule, entraînée par la curiosité, nous suivit jusqu'à nos quartiers. Voilà tout ce que je vis du 18 Brumaire.

Quelque temps après, le bataillon auxiliaire de Seine-et-Marne, dont je faisais partie, fut dissous, et on l'amalgama dans la 96ᵉ demi-brigade, commandée par le colonel Lepreux. Les grenadiers de cette brigade étaient casernés au Luxembourg, dans la portion du jardin qui fait face à l'Odéon. A cette époque, il n'y avait là que des masures qui venaient presque jusqu'au palais et une chapelle, élevée de plusieurs marches, précédée par une rangée de tilleuls ; puis derrière, une sortie qui existe encore et qui débouche dans la rue d'Enfer. Nous étions campés dans la chapelle, et nos marmites établies dans une grande salle voûtée, qu'on nous dit être la sacristie.

Un jour, le colonel nous fit prendre les armes, pour recevoir lieutenant dans notre compagnie, M. Thomas Thomé. C'était un bel homme, doux, brave garçon, mais insouciant, aimant le plaisir, plus propre à faire un soldat qu'un officier. Il nous raconta que lui et un de ses camarades avaient sauvé la vie de Bonaparte à Saint-Cloud. « La première fois, disait-il, qu'il est « entré dans la salle, deux des membres ont foncé « sur lui avec des poignards, et c'est moi et mon « camarade qui avons paré les coups. Il est sorti au « milieu des cris de : *Hors la Loi.* C'est alors qu'il a « tiré son épée, qu'il a fait croiser la baïonnette et « qu'il leur a crié : *Hors la salle !* Tous les pigeons « pattus se sont sauvés par les croisées et nous avons « été maîtres du terrain. »

Il nous dit aussi que Joséphine lui avait donné une bague qui valait quinze mille francs, en lui défendant de la vendre, et en lui disant qu'elle pourvoirait à tous ses besoins.

La brigade à laquelle j'étais incorporé était composée en partie de vieux soldats à l'épreuve. Notre colonel, M. Lepreux, natif de Paris, était un officier très distingué. Mon capitaine à moi s'appelait Merle. Il possédait toutes les qualités militaires. J'aurai bien souvent occasion d'en parler dans le cours de ces mémoires et toujours avec éloge. Du reste, tous nos officiers étaient excellents, ils nous menaient ferme, et au bout de trois mois, nous autres jeunes soldats, nous pûmes manœuvrer devant le Premier Consul.

Je devins aussi très fort dans le maniement de l'arme blanche. J'étais souple et j'avais deux bons maîtres, qui s'occupaient beaucoup de moi. Ils m'avaient tâté et ils avaient senti ma ceinture. Je leur payais la goutte, et pour me récompenser ils me poussaient rapidement. Je n'eus pas lieu de m'en plaindre ; car, au bout de quelque temps, ils me mirent à même de sortir d'une forte épreuve, qu'ils m'avaient, du reste, préparée. Ils me firent chercher une querelle, je puis dire sans aucun sujet.

« Allons, me dit mon adversaire, prends ton sabre, et viens que je te tire une petite goutte de sang.

— Voyons, monsieur le faquin, répondis-je, prenez un témoin ; pour moi je n'en ai pas, je m'en passerai. »

Mon vieux maître, qui était du complot, offrit de m'en servir. J'acceptai, et nous voilà partis tous les quatre dans le jardin, au milieu des masures. On mit l'habit bas.

« En garde ! A vous, lui dis-je, attaquez le premier.

— Non, répondit-il, c'est à vous. »

Je fonçai sur lui, je ne lui donnai pas le temps de se reconnaître. Heureusement mon maître intervint pour nous séparer.

« Otez-vous, m'écriai-je, je veux le tuer.

— Allons ! c'est fini. Embrassez-vous et nous allons boire bouteille.

— Eh bien ! cette goutte de sang, il n'en veut donc plus ?

— Tout cela est pour rire, sortons d'ici ! »

Il fallut aller boire avec ces ivrognes, après quoi je fus reconnu pour un bon grenadier. Mon adversaire devint mon meilleur ami. Il eut toute sorte d'égards pour moi, et me rendit une foule de petits services.

Au mois de février 1800, le Premier Consul passa, aux Tuileries, la revue de trois demi-brigades, parmi lesquelles était la nôtre, la 96°, et il en donna le commandement au général Chambarlhac.

Après les manœuvres ordinaires, il voulut voir les conscrits à part. On lui présenta la compagnie de grenadiers du département de Seine-et-Marne, et il dit à notre capitaine Merle de nous faire manœuvrer devant lui. Il fut surpris en voyant notre précision.

« Mais, dit-il, ce sont les vieux !

— Non, Général, répondit notre capitaine ; c'est une compagnie du bataillon auxiliaire formé à Fontainebleau.

— Eh bien ! je suis content de cette compagnie. Faites-la rentrer dans la brigade, et tenez-vous prêts à partir. »

En effet, on ne tarda pas à nous diriger sur le camp de Dijon. Tout le long du chemin nous brûlions les paisseaux des vignes et les peupliers des prairies pour nous faire du feu. On nous appelait : les brigands de Chambarlhac.

Nous passâmes à Auxerre et nous campâmes dans

les prés de Sainte-Nitasse. On se rappelle encore les dégâts que nous y avons faits.

A Dijon, on nous logea chez le bourgeois ; nous y restâmes près de six semaines. Lannes y formait son avant-garde avec laquelle il entra bientôt en Suisse. Nous ne partîmes que les derniers. A Nyon, le Premier Consul nous passa en revue dans une belle prairie. Puis, après avoir longé le lac de Genève, remonté la vallée du Rhône jusqu'à Martigny, nous arrivâmes au bourg de Saint-Pierre, au pied du Saint-Bernard.

Ce village n'est composé que de baraques couvertes de planches et de granges d'une dimension énorme. Nous y couchâmes tous pêle-mêle.

On démonta notre petit parc et l'on mit nos trois pièces de canon dans des arbres creusés en forme d'auge. Au bout, il y avait une grande mortaise pour adapter un levier qui servait de gouvernail. En avant, un câble se trouvait fixé, et à ce câble des traverses de bois. Chaque pièce devait être tirée par vingt grenadiers, et vingt autres portaient le bagage de ceux-ci. Un artilleur commandait le détachement, sur lequel il avait l'empire le plus absolu. La pièce lui était confiée : on devait obéir à ses moindres gestes.

Avant de partir, on nous donna des souliers neufs et une provision de biscuits. Nous les attachions à une corde et nous les pendions à notre cou, comme un chapelet, ce qui était très gênant. Le Consul, installé à Saint-Pierre, veillait à tout.

Nous nous mîmes en route le matin au petit jour. J'étais un de ceux qui traînaient les pièces de canon, et je me trouvais le premier de l'attelage, à la première traverse du côté droit ; c'était le côté le plus périlleux, celui des précipices. Rien de plus pénible que notre voyage. Toujours monter par des pentes horribles, et des sentiers très étroits. Les pierres coupaient nos souliers. De temps en temps on s'arrêtait, puis on marchait de nouveau : personne ne disait mot.

Quand nous arrivâmes aux glaces, ce fut bien pis encore. Notre canonnier n'était plus maître de sa pièce. A chaque instant, elle glissait vers les ravins, et il fallait s'arrêter, pour la remettre dans la bonne voie. Sans l'exemple de notre chef, nous aurions perdu courage.

Nous fîmes une lieue de cette façon, après quoi nous nous arrêtâmes pour mettre de nouveaux souliers, à la place des nôtres qui étaient en lambeaux, et pour casser un morceau de biscuit. Comme je détachais la corde qui suspendait les miens à mon cou, voulant en prendre un et le manger, la corde m'échappe et toute ma provision dégringole dans le précipice. Quelle douleur pour moi de me voir sans pain ! Et cependant mes compagnons se mirent à rire comme des fous.

« Allons, dit notre canonnier, il faut faire la quête pour mon cheval de devant. »

Chacun accueillit cette proposition, et me donna un biscuit. De cette manière je me trouvai plus riche qu'auparavant et la joie reparut dans mon cœur.

Nous atteignîmes les neiges éternelles. Là, nous étions mieux, notre canon glissait légèrement, nous allions plus vite. Le général Chambarlhac vint à passer et voulut encore faire allonger le pas. Il s'approcha du canonnier et prit le ton de maître. Il fut mal reçu.

« Ce n'est pas vous qui commandez ici, répondit le canonnier. C'est moi qui suis responsable de la pièce et qui, seul, la dirige. Passez votre chemin. »

Malgré ces paroles, le général s'avança comme pour saisir le canonnier.

« Général, s'écria celui-ci, si vous ne vous retirez pas, je vous assomme d'un coup de levier, ou je vous jette dans le précipice !... »

Chambarlhac crut prudent de passer son chemin. Nous arrivâmes, avec des fatigues inouïes, au pied du Couvent. La montée qui y aboutit est fort rapide, et là nous vîmes que des troupes nombreuses avaient passé avant nous. Le chemin était frayé et l'on avait formé des espèces de marches pour monter jusqu'à l'hospice. Nous y entrâmes, et nous y déposâmes nos trois pièces de canon.

Nous fûmes reçus par ces hommes dévoués à l'humanité, qui passent leur vie à secourir les malheureux égarés dans la montagne ou entraînés par les avalanches. Ils nous donnèrent du pain, du fromage de gruyère, du vin. Ils nous installèrent dans de grands corridors très larges, enfin ils firent pour nous tout ce qui dépendait d'eux. En les quittant nous leur serrions la main, et nous embrassions leurs chiens, qui à leur tour nous caressaient comme s'ils nous eussent connus de longue date. Pour moi je ne peux trouver, dans ma faible intelligence, d'expression assez forte pour témoigner la vénération que je porte à ces hommes de Dieu.

La descente nous fut bien facile ; nos officiers décidèrent qu'ils traîneraient à leur tour les pièces de canon. Ils eurent encore plus de peine que nous n'en avions eu, et coururent les plus grands dangers.

Nos trois compagnies s'acheminèrent, commandées seulement par le capitaine Merle : et, après avoir encore traversé bien des neiges, gagnèrent le lieu de rendez-vous de tout le régiment. Nos braves officiers y arrivèrent aussi, mais exténués de fatigue, sans bottes et n'ayant plus de drap aux manches de leurs habits. Ils faisaient pitié à voir.

Nous étions alors dans une longue gorge. Au bout de cette gorge, une montée très rapide s'élevait jusqu'à la crête d'une montagne. Là, plus de chemin ! c'était comme le bout du monde ! Le rocher était fendu et les parois coupées à pic. Comment passer de l'autre côté ? Le Premier Consul arriva avec tous ses ingénieurs, fit faire des trous dans le roc, poser des madriers, établir des traverses et des garde-fous. En deux jours, cette espèce de pont fut terminé, et tout notre matériel passa sans encombre.

Une fois passés, nous descendîmes aisément dans la vallée qui conduit au fort de Bard. Mais, là encore, nous fûmes arrêtés par un formidable obstacle. Ce fort est imprenable. On ne peut le battre en brèche de la vallée, et l'on ne peut gravir les rochers qui le dominent. Le Consul, en voyant cela, prit bien des prises de tabac, et fut bien embarrassé. Ses ingénieurs

se mirent à l'œuvre pour trouver un chemin hors de la
portée des canons du fort. Ils finirent par découvrir un
sentier qu'ils aplanirent, et par lequel l'infanterie et
la cavalerie pouvaient passer. Restait le matériel, ce
qui était beaucoup plus embarrassant. On l'avait placé,
en attendant, derrière un petit retrait à l'abri du fort :
et il ne pouvait, comme l'armée, franchir le sentier
nouveau.

Le Consul commença par braquer deux pièces sur
la route et fit ouvrir le feu contre la forteresse. Nous
étions, nous, sur le côté gauche, masqués par des
rochers et complètement protégés des boulets ennemis. Mais ils balayaient la route, si bien que deux
grenadiers de la Garde consulaire qui étaient venus en
curieux, furent atteints et tués. Un boulet entre autres
s'engouffra dans l'ouverture d'une de nos pièces, qui
fut brisée et perdue. Il fallut renoncer à une semblable tentative.

Le Consul envoya un parlementaire pour sommer le
commandant du fort de se rendre : la réponse ne fut
pas satisfaisante. L'intimidation n'ayant pas réussi,
on eut recours à la finesse. De bons tirailleurs furent
choisis, bien approvisionnés de vivres et de cartouches.
Ils se glissèrent dans les rochers et parvinrent à des
fentes très élevées d'où ils dominaient le fort. On
découvrit aussi une plateforme très large et très élevée,
sur laquelle on parvint à hisser deux pièces de canon.
Ces pièces de leur côté, les tirailleurs de l'autre,
inquiétaient continuellement les ennemis. Ils ne pouvaient sortir dans leurs cours sans être mitraillés.

Pendant ce temps, le Consul se prépara à faire passer le matériel sur la route même au pied du fort. Il fit *empailler* les roues des canons et des caissons, et nous reçûmes l'ordre d'entourer nos souliers de la même manière. Vingt grenadiers par compagnie devaient aider les canonniers à rouler les pièces. Ceux-ci demandèrent qu'on leur adjoignît les grenadiers qui avaient déjà monté avec eux le Saint-Bernard. La demande fut accueillie. Je me trouvai sous les ordres du même canonnier. Il me mit à la tête de la première pièce, et plaça tout le monde à son poste.

A minuit, nous reçûmes le signal du départ. Il fallait marcher sans dire mot, sans souffler. Tout d'abord, nous passâmes sans être aperçus. Arrivés au delà du fort, à un endroit qui se trouve garanti par les rochers, nous trouvâmes les chevaux tout prêts ; de suite on attela, et ils partirent.

Nous revînmes par le même chemin, sur la pointe du pied, à la queue les uns des autres. Cette fois l'ennemi nous entendit, et nous lança des grenades. Heureusement elles tombèrent de l'autre côté du chemin et n'atteignirent personne, nous en fûmes quittes pour la peur.

On eût pu facilement nous éviter ce danger. Il suffisait de placer nos fusils et nos bagages sur les caissons, et de nous faire continuer avec eux notre premier chemin. Mais on ne songeait pas à tout, et l'on se préoccupait plus des canons que de notre vie.

Quand nous rejoignîmes notre corps, le colonel nous

fit des compliments sur notre succès. Le capitaine nous félicita à son tour et nous dit :

« Mes grenadiers, vous venez de remplir une belle mission ; c'est une épreuve glorieuse pour la compagnie ! »

Il nous serra les mains à tous, et s'adressant à moi spécialement, il me dit qu'il était content de mon premier début. Nous répondîmes par des protestations de dévoûment, dont il nous remercia mille fois.

L'artillerie passée, nous prîmes le sentier déjà frayé par l'armée et, bientôt, de l'enfer nous arrivâmes dans le paradis, c'est-à-dire dans les belles plaines du Piémont. Nous marchâmes à marche forcée jusqu'à Novare. Les habitants parurent stupéfaits de voir arriver par là une armée avec son artillerie. Le lendemain nous partîmes pour Milan. Là encore, le peuple nous reçut avec joie et étonnement. En sortant de la ville, à droite de la porte de Rome, nous trouvâmes des baraques toutes faites, un camp tout dressé, et nous reconnûmes qu'il y avait une armée devant nous.

Nous formions en effet l'arrière-garde du général Lannes. Pendant qu'il battait et rebattait les Autrichiens, on nous portait tantôt sur un point, tantôt sur un autre, sans jamais nous faire brûler une cartouche.

Mais un combat plus sérieux s'engagea dans les environs de Montebello. Les Autrichiens étaient maîtres des hauteurs, d'où leur artillerie foudroyait nos troupes. Il fallut deux brigades de notre division, la 24e et la 43e, pour s'emparer de cette position formidable. Nous-mêmes, nous fûmes obligés de suivre le mouvement et de nous rapprocher de l'avant-garde. Nous étions environ trois mille cinq cents hommes. On arrêta notre marche à une demi-lieue en arrière de Montebello et on nous plaça dans une belle plantation de mûriers, traversée par une allée fort large. Nous formâmes les faisceaux par bataillon, et chacun se régala de mûres dont les arbres étaient chargés.

Sur les onze heures, nous entendîmes la canonnade ; nous la croyions très loin : pas du tout. Le combat se livrait derrière le village. Les maisons arrêtaient le son, et nous trompaient sur la distance.

Sur les midi, un aide de camp du général Lannes arrive au galop avec ordre de nous faire avancer le plus vite possible, parce que le général était forcé de tous côtés.

« Aux armes ! crie notre colonel. Allons, mon brave régiment, c'est notre tour aujourd'hui de nous signaler ! »

Notre capitaine, à la tête de ses 174 grenadiers, répond qu'il est sûr de sa compagnie, et que d'ailleurs, il marchera le premier.

On nous dispose par sections sur la route et on nous fait charger nos fusils en marchant. C'est là que je mis ma première cartouche dans mon fusil. Je fis avec elle le signe de la croix, et cela me porta bonheur, car elle sauva la vie de mon capitaine.

Au bout de quelques instants nous arrivâmes à l'entrée du village de Montebello. Il était encombré de morts et de blessés. Je n'en avais jamais vu, n'ayant encore assisté à aucune bataille. Cet aspect produisit sur moi une très vive impression. Mais la charge battit à la tête du régiment et je ne songeai plus qu'à marcher avec les miens.

Nous étions rangés par rang de bataille. Je me trouvais à la première section, au troisième rang. En sortant du village nous aperçûmes une pièce de canon à trois cents pas de nous, au milieu de la route. Les ennemis firent feu. Heureusement, la mitraille n'atteignit personne et effleura les baïonnettes. En l'entendant, je baissai la tête. Mon sergent-major me donna par derrière un coup de sabre sur mon sac.

« On ne baisse pas la tête ! me dit-il.

— Bien ! lui répondis-je, et je continuai d'avancer.

Le capitaine Merle, une fois le coup parti, cria de se jeter à droite et à gauche dans les fossés pour en éviter un second. Sans doute les tambours, qui battaient la charge devant nous, n'entendirent pas ce commandement ; ils restèrent sur la route. Moi-même je ne le compris pas, et les premiers rangs ayant déguerpi, je me trouvai seul, tout à découvert. Alors je m'élance comme un fou, je dépasse le capitaine, je traverse les tambours et je cours à la pièce de canon. J'arrive comme les artilleurs finissaient de charger. Ils se dépêchaient pour nous cribler une seconde fois et me tournant le dos, ils ne me voyaient pas. Je les frappe de ma baïonnette, et je les étends par terre. Ce fut l'affaire d'un moment. D'ailleurs ma compagnie arrivait, à deux pas derrière moi, pour finir ma besogne.

Je restai maître de la pièce et je sautai dessus.

Mon capitaine m'embrassa en passant et me dit de la garder ; ce que je fis, pendant que mes camarades se jetaient sur les Autrichiens. Leur infanterie était massée à deux cents pas à peu près de la pièce de canon. La rencontre fut sanglante. Ce n'était que feux de peloton, de bataillon, et carnage à la baïonnette. Nos soldats de la 96ᵉ étaient devenus des lions. Moi, je ne restai pas longtemps sur ma pièce de canon.

Le général Berthier vint à passer, et m'apercevant :

« Que fais-tu là ? dit-il d'un ton nasillard.

— Mon général, vous voyez mon ouvrage. C'est à moi cette pièce, je l'ai prise tout seul.

— Qu'est-ce que tu veux ?

— Du pain, si vous en avez. »

Il dit à son piqueur de m'en donner, puis tirant de sa poche un petit calepin vert, il me demanda comment je m'appelais :

« Ton nom ?

— Jean-Roch Coignet.

— Ton régiment ?

— Quatre-vingt-seizième.

— Ton bataillon ?

— Premier.

— Ta compagnie ?

— Première.

— Ton capitaine ?

— Merle.

— Tu diras à ton capitaine qu'il t'amène à dix

heures près du Premier Consul. Laisse-là ta pièce et va rejoindre les tiens. »

Il part au galop, et moi, bien content, je cours à toutes jambes pour rattraper ma compagnie. Elle avait pris un chemin à droite. C'était un chemin creux, bordé par des talus de dix pieds environ, et à la crête des talus, de chaque côté, se trouvaient des haies, avec quelques arbres. Il y avait là des grenadiers autrichiens dans le plus complet désordre. Notre compagnie les passait à la baïonnette. Les plus agiles battaient en retraite et se sauvaient à toutes jambes. J'arrive, je me présente à mon capitaine et lui raconte que le général Berthier m'avait mis en écrit.

« C'est bien, me dit-il. Passons par ce trou, de l'autre côté de la haie, pour gagner les devants ; ils vont trop vite et pourraient se faire couper. Suivez-moi. »

Je passe derrière lui, et nous nous trouvons tous deux sur un terrain plat et dégarni, où nous marchions rapidement. Mais, à deux cents pas de l'autre côté du chemin, s'élevait un gros poirier sauvage et derrière était un grenadier hongrois, qui avait appuyé son fusil sur une branche, attendant que mon capitaine fût en face de lui pour l'ajuster. Celui-ci l'aperçoit.

— A vous ! » me crie-t-il.

Comme j'étais en arrière, je voyais le Hongrois de côté, mais facilement. Je le mets en joue, il tombe raide mort, et mon capitaine de m'embrasser une seconde fois.

— Ne me quittez pas de la journée, me dit-il, vous m'avez sauvé la vie. »

Un peu plus loin, nous apercevons un de nos sergents qui avait comme nous traversé la haie ; et il s'était trouvé entouré par trois Autrichiens qui se sauvaient par là. Ils le tenaient au milieu d'eux et le dévalisaient paisiblement, comme s'ils ne s'étaient pas doutés de ce qui se passait tout auprès dans le fond du chemin. Ils avaient leur fusil appuyé par terre et retenu par le bras gauche, pendant qu'ils faisaient leur butin. Déjà, ils lui avaient enlevé sa montre, ôté sa cravate, pris sa ceinture. Mon capitaine me crie encore :

« A vous, grenadier ! »

Et tous les deux, nous nous élançons. Arrivé près du groupe, les Autrichiens me somment de me rendre. Je feins de consentir. Je tends à l'un d'eux mon fusil de la main gauche ; il le saisit, mais de la main droite je fais faire à mon arme un mouvement de bascule, et lui plonge ma baïonnette dans le ventre. Aussitôt, je fonce sur le second. Le sergent, se voyant secouru, empoigne le troisième par le haut de la tête et le terrasse. Enfin, le capitaine Merle achève notre besogne avec son épée.

Le sergent reprit alors tous ses effets. Nous le laissâmes se remettre, et nous de courir, comme avant, pour gagner la tête de la compagnie. Elle commençait à sortir du chemin creux, qui débouchait dans une grande prairie. Le capitaine parvint à la rassembler, et nous joignîmes le reste de la brigade, qui était arrivé par une autre direction.

Comme nous étions embarrassés de trois cents prisonniers, qui s'étaient rendus dans le chemin creux, on les remit à quelques hussards du 12ᵉ qui passaient. Leur régiment avait été très éprouvé le matin. Il n'y en avait pas deux cents de reste.

Nous continuâmes à avancer. Nous tenions le centre des bataillons en bataille. Le capitaine ne m'avait pas fait reprendre mon rang. Il m'avait gardé près de lui. Je chargeais mon fusil en marchant, et je m'arrêtais par intervalles, pour envoyer une balle à l'ennemi qui fuyait devant nous. La charge battait sur toute la ligne de notre armée. Les Autrichiens étaient en déroute complète. Ils ne faisaient même plus feu sur nous. Ils se sauvaient comme des lapins. Leur cavalerie surtout avait été abîmée et, en se repliant sur leur infanterie, elle y avait jeté l'épouvante et la confusion.

Le Premier Consul vint pour voir la bataille gagnée. Il était accompagné du général Lannes.

Ce dernier était tout couvert de sang : il faisait peur. Il était resté toute la journée au milieu du feu et il commanda lui-même la dernière charge.

Le soir, mon capitaine me prit par le bras et me présenta au colonel, à qui il raconta ce que j'avais fait. Puis il me mena au quartier général. Il causa quelque temps avec Berthier et le Premier Consul. On me fit approcher. Bonaparte vint vers moi et me prit par l'oreille. Je croyais que c'était pour me gronder : pas du tout, c'était par amitié.

« Combien as-tu de service ? me dit-il.

— Général, c'est le premier jour que je vais au feu.

— Ah! c'est bien débuté.

— Berthier, marque-lui un fusil d'honneur... Tu es trop jeune, ajouta-t-il, pour entrer dans ma Garde, il faut pour cela quatre campagnes... Berthier, marque-le sur le livre des notes et, dès qu'il aura le temps de service requis, tu le feras entrer dans ma Garde. »

Cela dit, le Consul nous congédia. Mon capitaine me ramena près de ma compagnie. Nous marchions bras dessus, bras dessous, comme si j'eusse été son égal. Il me demanda si je savais écrire, et comme je lui répondis non, il m'en témoigna ses regrets.

« Que c'est fâcheux pour vous ! dit-il, sans cela votre carrière serait ouverte. Mais c'est égal, vous voilà bien noté ! »

Une fois revenu à la compagnie, tous les officiers me serrèrent la main, et le sergent que j'avais délivré me sauta au cou. Tout le monde me fit compliment. Comme j'étais heureux ! Ainsi finit pour moi la bataille de Montebello.

Le 9 juin, après avoir réglé nos comptes avec les Autrichiens, nous couchâmes sur le champ de bataille, et, le 10 au matin, le rappel battit partout. Le général Lannes et Murat partirent avec leur avant-garde pour souhaiter de nouveau le bonjour à l'ennemi. Mais ils ne le trouvèrent pas. Au lieu de dormir, les vaincus avaient marché toute la nuit.

Notre demi-brigade finit de ramasser les blessés que l'obscurité nous avait cachés. Autrichiens et

Français, nous les portâmes à l'ambulance, et nous ne quittâmes le champ de bataille que très tard. Nous continuâmes de marcher la nuit suivante. Vers minuit, M. Lepreux, notre colonel, nous fit faire halte, visita nos rangs et nous ordonna de garder le silence le plus absolu. Il paraît qu'il s'agissait de passer sous les canons d'un fort de Tortone. Nous traversâmes de longs défilés. L'obscurité était complète ; on ne voyait pas son plus proche camarade.

Bientôt nous arrivâmes dans des terres labourées. Là, il nous fut permis de parler ; mais il nous fut encore défendu de faire du bruit et d'allumer du feu. Il fallut se coucher entre de grosses mottes de terre, la tête sur le sac, et dans cette position attendre le jour. Le matin, on nous fit partir le ventre vide, et descendre vers des marécages coupés de fossés et traversés par un grand ruisseau. Nous rencontrâmes des villages tout ravagés : pas de vivres ! Les maisons étaient désertes. Nous étions accablés de fatigue et de faim !

Nous sortîmes de ces bas-fonds pour remonter sur notre gauche, et nous trouvâmes un village entouré de vergers et d'enclos. Heureusement, il y avait de la farine, un peu de pain et quelques bestiaux. Sans cela, nous serions morts d'épuisement. On nous dit que ce village s'appelait le village de Marengo.

Le 12, nos deux autres demi-brigades, la 24ᵉ et la 43ᵉ, vinrent appuyer notre droite, et voilà toute notre division réunie. Le même jour, au matin, on entendit battre la breloque. Quelle joie pour nous ! Dix-sept fourgons de pain venaient d'arriver : tout le monde voulait aller à la corvée. Mais quel fut notre désappointement : ce pain était moisi et tout bleuâtre. Pourtant il fallut s'en contenter.

Le 13, au point du jour, on nous fit marcher en avant dans une grande plaine, et, sur les deux heures de l'après-midi, on nous fit placer en bataille et former les faisceaux. Notre division comprenait environ 5.000 hommes. Nous étions développés sur le plateau où passe la grande route d'Alexandrie, et nous n'apercevions pas le reste de l'armée, qui était à notre droite, dans des bas-fonds. Nous voyions seulement des aides de camp arriver du côté de ces bas-fonds et voler dans tous les sens.

La 24ᵉ demi-brigade fut détachée pour pointer en avant, à la découverte. Elle marcha très loin et finit par rencontrer les Autrichiens. Même elle eut avec eux une affaire très sérieuse. Elle fut obligée de se former en carré pour résister à l'effort des ennemis.

Vers les cinq ou six heures du soir, on nous envoya pour dégager la 24ᵉ. Quand nous arrivâmes, soldats et officiers nous accablèrent d'injures, prétendant que nous les avions laissé égorger de gaîté de cœur, comme s'il dépendait de nous de marcher à leur secours.

Ils avaient été abîmés. J'estime qu'ils avaient perdu la moitié de leur monde, ce qui ne les empêcha pas de se battre encore mieux le lendemain.

Cette escarmouche éclairait la situation. Il n'y avait

plus de doute, l'ennemi était devant nous. Il s'était caché dans la ville d'Alexandrie.

Toute la nuit nous restâmes sous les armes. On plaça des avant-postes le plus loin possible et des petits postes de quatre hommes encore plus en avant. Deux de ces derniers furent surpris, le 14, à deux heures du matin, et égorgés par les Autrichiens. Aussitôt la générale battit sur toute la ligne. On ne peut se faire une idée de l'effet que le son des tambours, à cette heure matinale, produisit sur nous. C'était un frisson, comme celui qu'éprouve le soldat au premier coup de canon. Chacun s'élança sur les faisceaux ; il semblait que l'ennemi était à deux pas de nous. On ne se croyait en sûreté que le fusil à la main, et dans les rangs de ses compagnons.

Les lignes se formaient dans toute la plaine ; c'était un branle-bas général. De ma vie je n'oublierai ce moment. J'étais encore jeune soldat, et je n'étais qu'à moitié aguerri. D'ailleurs, je n'ai pas la prétention de soutenir que les premiers instants d'une bataille m'aient toujours laissé indifférent et calme ; je prétends, au contraire, que le plus brave soldat ressent, dans cette occasion solennelle, une émotion voisine de la peur.

A quatre heures environ, la fusillade retentit sur notre droite. Les aides de camp du général Lannes vinrent nous assigner notre ligne de bataille. On nous fit rétrograder derrière une belle pièce de blé, qui se trouvait sur une éminence et qui nous masquait un peu. Nous attendîmes quelque temps, dans l'inaction.

Tout à coup, les tirailleurs ennemis sortent des marais et des saules placés en face de nous. L'artillerie commence son feu.

Un obus éclate dans la première compagnie et tue sept hommes. Un boulet frappe le gendarme qui était d'ordonnance près du général Chambarlhac. Ce dernier se sauva à toute bride, et nous ne le revîmes pas de la journée. Le général Rivaud vint à sa place ; petit, bien fait, portant de belles moustaches blondes, il montra beaucoup de bravoure et d'activité. Déjà, dans la matinée, son cheval avait été tué. Il était à pied, s'approcha du colonel Lepreux et lui demanda où était Chambarlhac. Sur la réponse du colonel, il prît le commandement de la division.

A peine était-il à notre tête, qu'il s'avança vers la première compagnie de grenadiers dont je faisais partie, nous fit mettre sur un rang, et nous lança pour attaquer.

— Marchez, dit-il, ne vous arrêtez pas en chargeant vos armes. Quand il le faudra, je vous ferai rentrer par un rappel. »

Cela dit, il court rejoindre la division. Mais une colonne d'Autrichiens débusque tout entière des bosquets de saules où elle était cachée, se déploie devant nous, et nous crible de ses feux de bataillon. Notre petit général répond par d'autres feux de bataillon, et nous voilà, entre les deux, comme sacrifiés !

Je cours derrière un gros saule, je m'appuie sur le tronc, et je continue de tirer dans la colonne ennemie. Je n'y pus tenir longtemps ; les balles venaient dans

tous les sens. Je fus contraint de me coucher la tête
par terre, pour me préserver de cette mitraille, qui
hachait les branches et les faisait tomber sûr moi. J'en
étais couvert ; je me croyais perdu.

Heureusement toute la division s'avança de mon
côté. Je me relevai, et je me trouvai dans une des
compagnies de mon bataillon. J'y restai toute la
journée, car, de la mienne, il n'y avait plus que
14 grenadiers sur 174 : le reste tué ou blessé !

Au bout de quelques instants, nous fûmes obligés
de reprendre notre première position. Là, nous étions
criblés par la mitraille : tout tombait sur nous. Nous
tenions la gauche de l'armée, et nous touchions à la
grande route d'Alexandrie. C'était la position la plus
difficile. Les ennemis voulaient toujours nous tourner
et gagner la route qui leur était si utile. Il fallait
sans cesse appuyer sur notre gauche pour éviter d'être
pris par derrière. Notre brave colonel, M. Lepreux,
se multipliait pour nous maintenir, et notre capitaine,
M. Merle, qui avait perdu sa compagnie, et qui était
blessé au bras, lui servait d'aide de camp.

La fumée était si épaisse qu'on ne s'y voyait plus.
Les obus mirent le feu dans la grande pièce de blé
au milieu de laquelle nous étions. Cela fit une révolution dans les rangs ; quelques gibernes sautèrent. On
fut obligé de rétrograder et se reformer le plus vite
possible. Cet accident nous fit beaucoup de tort, et il
fallut toute l'intrépidité de nos chefs pour nous rétablir.

Vis-à-vis du centre de la division se trouvait une
grange entourée de grands murs. Un régiment de

dragons autrichiens en profita pour se cacher et fondit sur un bataillon de la 43° demi-brigade. Il l'entoura, le mit en désordre et le fit tout entier prisonnier. Cela fit un trou dans notre ligne, et, comme nous n'avions rien derrière nous, il fallut appuyer sur notre droite pour combler le déficit. Le général Kellermann en fut averti, accourut lui-même avec ses dragons, chargea les Autrichiens et les arrêta pour quelque temps.

Notre position n'en devint pas beaucoup meilleure. L'artillerie nous accablait. Nos rangs se dégarnissaient à vue d'œil. On n'apercevait que des blessés, et les soldats qui les portaient à l'ambulance ne revenaient plus. Aussi, pendant que les colonnes autrichiennes recevaient sans cesse de nouveaux renforts, nous nous affaiblissions sans cesse et personne ne venait nous soutenir. Nous ne voyions derrière nous que la plaine encombrée de mourants et de porteurs.

A force de tirer, nous ne pouvions plus faire descendre les cartouches au fond de nos fusils. Les officiers, désespérés, nous indiquèrent un singulier remède à ce malheur nouveau : il consistait à pisser dans le canon et à le sécher ensuite, en brûlant de la poudre non bourrée.

Les munitions commençaient à manquer ; nous battîmes en retraite, mais en bon ordre. Déjà nous avions perdu une ambulance, quand tout à coup 600 hommes de la Garde consulaire arrivèrent avec des cartouches dans leurs sarraux de toile et dans des couvertures attachées à leurs épaules. Ils passèrent derrière les rangs et nous firent la distribution. Alors le feu redoubla.

Dans ce moment, nous avions déjà beaucoup rétrogradé. Nous étions au beau milieu de la plaine. Plus de saules, plus de ravins ; un buisson de place en place. Nous apercevions une grande partie de l'armée, et surtout nous voyions parfaitement la Garde consulaire.

Bonaparte ne tarda pas à paraître. Sa présence était un gage de sécurité, un motif de confiance, une occasion d'enthousiasme inouï. Il fit mettre sa Garde en ligne au centre de l'armée et la fit marcher en avant. Tantôt elle se formait en carré, tantôt elle se déployait en bataille ; et de suite elle arrêta l'ennemi. Les beaux grenadiers à cheval se précipitèrent au galop, et culbutèrent la cavalerie autrichienne. Leurs efforts nous donnèrent du répit pendant une heure.

Mais, ne pouvant pas tenir contre la Garde consulaire, les dragons autrichiens se rabattirent sur nous. Ils enfoncèrent nos premiers pelotons et nous sabrèrent. Je reçus un coup sur le derrière de la tête, si fort que ma queue en fut coupée par la moitié. Heureusement j'avais la plus grosse du régiment ; il fallait une aune de ruban et une demi-livre de poudre pour l'arranger : du reste à soixante-douze ans, j'ai encore tous mes cheveux.

Grâce à ma chevelure, je fus sauvé. Le coup effleura seulement la chair après avoir coupé l'habit et entamé l'une de mes épaulettes. Je tombai à la renverse dans un fossé. Kellermann accourut. Trois fois il chargea à la tête de ses dragons. Il les menait et les ramenait : et toute cette cavalerie passait par-dessus moi, qui étais étourdi dans mon fossé.

Quand je repris mes sens, je me débarrassai de mon sac, de ma giberne et de mon sabre, et je saisis au passage la queue du cheval d'un dragon français qui faisait retraite. Ce cheval m'emporta. Je faisais, pour le suivre, des enjambées énormes, et bientôt je tombai roide ne pouvant plus souffler.

Mais, Dieu merci, j'étais au milieu des lignes françaises. Je retrouvai facilement un fusil, un sac et une giberne, la terre en était couverte ; et je repris mon rang dans la deuxième compagnie des grenadiers de mon régiment. Le capitaine vint me serrer la main.

« Je vous croyais perdu, mon brave, dit-il. Vous avez reçu un fameux coup de sabre ! Car vous n'avez plus de queue. Votre épaule a bien du mal. Vous devriez vous mettre en serre-file.

— Non, répondis-je ; j'ai une giberne pleine de cartouches et je veux me venger sur le premier cavalier que je pourrai joindre. Ils m'ont trop fait de mal ; ils me le paieront tôt ou tard ! »

Cependant la retraite continuait et nous étions prêts à lâcher pied. Grâce à la contenance de nos chefs, nous arrivâmes jusqu'à midi sans être entamés. Regardant derrière nous, nous vîmes le Consul qui était assis sur la levée du fossé de la grande route d'Alexandrie. Il était seul, avait la bride de son cheval passée dans son bras et faisait voltiger de petites pierres avec sa cravache. Il ne semblait pas voir les boulets qui roulaient sur la route. C'était son habitude. Jamais il ne songeait à sa vie. Je ne l'ai vu qu'une seule fois s'abriter contre les feux ennemis ; c'est à Eylau, derrière l'église.

Quand nous fûmes près de lui, il monta sur son cheval, et partit au galop derrière nos rangs.

« Du courage, soldats, criait-il. La réserve arrive ! tenez ferme ! »

Il se dirigea vers la droite de l'armée, et partout sur son passage les soldats de crier : « Vive Bonaparte ! »

Les Autrichiens redoublaient d'efforts, ils voulaient percer notre ligne. Les feux de bataillon par échelons en arrière les arrêtaient bien. Mais ces maudites cartouches descendaient mal dans les canons de nos fusils, et il fallait recommencer à les décrasser, comme je l'ai déjà dit. Cela nous faisait perdre du temps.

Mon brave capitaine Merle vint à s'approcher du deuxième bataillon, et le capitaine de ma nouvelle compagnie lui dit :

« J'ai là un de vos grenadiers.

— Où est-il ? Faites-le sortir que je le voie... Ah ! c'est vous, Coignet ! je vous croyais mort. Je vous avais vu tomber dans le fossé.

— Il est vrai qu'ils m'ont donné un fameux coup de sabre. Tenez, voyez, ils m'ont coupé ma queue.

— Allons, tâtez dans mon sac et prenez mon sauve-la-vie. Vous boirez un coup de rhum pour vous remettre, et ce soir, si nous y sommes, je viendrai vous rejoindre. Mon domestique vous retrouvera.

— Merci, mon capitaine, me voilà sauvé pour la journée, je vais joliment me battre.

— J'ai voulu le mettre en serre-file, reprit mon nouveau chef, il n'a jamais voulu.

— Je le crois bien ! s'écria l'autre. Je le connais. Il m'a sauvé la vie à Montebello ! » et en disant ces mots il me prit la main.

Que c'est donc beau la reconnaissance ! J'en sentirai le prix toute ma vie.

Nous avions beau faire. Nous étions forcés d'abandonner cette belle plaine de Marengo, et nous baissions l'oreille. Il était deux heures. Au dire de nos officiers, la bataille était comme perdue, lorsqu'il arrive un aide de camp ventre à terre, demandant où est le Consul et annonçant la réserve. Le Consul lui-même passe un peu plus tard. en nous criant de tenir ferme, que nous allions être secourus.

Nos pauvres petits pelotons, harassés de fatigue, se raniment à ces mots. Chacun tournait les yeux du côté de Montebello, vers l'endroit où devaient paraître nos sauveurs. Enfin, des cris retentissent partout :

« Les voilà ! les voilà ! »

La division du général Desaix s'avançait, l'arme au bras. L'artillerie était placée dans l'intervalle des demi-brigades, et un régiment de grosse cavalerie fermait la marche.

Elle arrivait sur cette même route d'Alexandrie pour laquelle nous combattions depuis le matin. Nous la voyions parfaitement, parce qu'alors nous étions à l'extrémité du plateau de Marengo, à l'endroit où le terrain s'incline et descend. Nous apercevions la division Desaix au-dessous de nous. C'était comme une forêt de baïonnettes.

Quant aux Autrichiens, moins avancés que nos pelotons, ils étaient trompés par le pli du terrain, et ne soupçonnaient pas l'arrivée de notre renfort. Pour comble de bonheur, Desaix, en s'approchant de nous, trouva, pour se mettre en bataille, une position qui semblait avoir été choisie d'avance. A sa gauche, s'élevait une haie gigantesque, perpendiculaire à la grande route, protégée par une espèce de talus et derrière laquelle toutes les troupes se cachèrent. On ne voyait même pas la cavalerie !

Voulant tromper l'ennemi jusqu'au bout, nous continuâmes de battre en retraite. Et les Autrichiens nous suivaient, marchant comme s'ils faisaient route pour aller chez eux, le fusil sur l'épaule. Ils ne s'occupaient plus de nous, ils nous croyaient tout à fait en déroute. Déjà nous avions dépassé la division du général Desaix d'environ trois cents pas. Eux étaient sur le point de la dépasser aussi. A ce moment, nous entendons retentir le commandement :

« Feu de bataillon, oblique à droite !... »

La foudre part sur la tête de colonne des Autrichiens. La mitraille et les obus pleuvent sur eux. La charge retentit partout. Chacun de nous fait demi-tour, et de courir en avant. On ne criait plus, on hurlait ! Les intrépides soldats de la neuvième passent comme des lapins au travers de la haie et fondent sur les grenadiers hongrois à la baïonnette. Ils ne leur donnent pas le temps de se reconnaître. Le 30ᵉ et le 59ᵉ se précipitent avec eux et le régiment de grosse cavalerie frappe le dernier coup. Tout le monde fit son devoir, mais les soldats de la neuvième par-dessus tous les autres.

En vain la cavalerie autrichienne voulut rétablir le combat. Les débris de la nôtre se réunirent, et la mirent dans un tel désordre, qu'elle se sauva dans Alexandrie, abandonnant le reste de l'armée. De ce moment, nous eûmes beau jeu !

Cependant, une division ennemie vint encore de l'aile droite fondre sur nous. On croisa la baïonnette et nous les renversâmes. En parant le coup que me portait un grenadier autrichien, je relevai son arme, qui m'effleura le cil de l'œil droit et me fit une légère incision : moi, je ne le manquai pas. Le sang me couvrait l'œil, mais c'était peu de chose. Il paraît seulement que, ce jour-là, ils en voulaient à ma tête. Je continuai de marcher. Je ne sentais pas mon mal.

Notre position s'était bien modifiée. Nous avions les trois quarts de la plaine derrière nous et, devant, une armée en pleine déroute. Fantassins, voitures, cavaliers, artillerie, tout était pêle-mêle. C'était à faire pitié !

Nous les poursuivîmes jusqu'à neuf heures du soir. Nous les jetions dans les fossés pleins d'eau. Arrivés près de la rivière, ils trouvèrent le pont obstrué de voitures et de canons. Ils ne pouvaient plus rentrer dans Alexandrie et se noyaient, en essayant de passer aux gués. Nous les tenions à notre discrétion et, parmi leurs équipages, nous prenions ce que nous voulions.

La nuit seule nous arrêta. Toute l'armée, à l'exception de la division Desaix, était dans un état de lassitude incroyable. La plupart des soldats n'avaient pas mangé depuis la veille. Nous avions passé la journée à mordre dans nos cartouches. C'était notre seule nourriture. Nous étions noirs de poudre. Nos jambes étaient si raides, qu'après un instant de repos nous ne pouvions plus nous relever. Vers les dix heures, mon capitaine Merle m'envoya chercher par son domestique pour me faire souper avec lui. Là, mes blessures furent pansées, ma chevelure remise en état, mes forces ranimées ; j'avais plus de bonheur que mes pauvres compagnons.

Le lendemain, des parlementaires sortirent de la ville d'Alexandrie, demandant à aller au quartier général du Premier Consul pour obtenir une suspension d'armes. Quand ils se présentèrent, ne sachant ce dont il s'agissait, nos soldats tirèrent sur eux. Mais on s'expliqua bien vite, et on les conduisit, sous bonne escorte, au château dans lequel le Consul était retiré. A la nouvelle de leur mission, la joie éclata dans tout le camp. Malgré la victoire de la veille, nous étions peu désireux et même parfaitement incapables de recommencer. Je dis à mon capitaine :

« Voudriez-vous me permettre d'aller au quartier général, avec un de mes camarades ?

— Pourquoi faire ?

— J'ai des connaissances dans la Garde.

— Mais c'est bien loin d'ici.

— Peu importe. Nous serons bientôt de retour. Je vous le promets.

— Eh bien ! allez. »

Nous voilà partis, le sabre au côté. Arrivé à la grille du château de Marengo, je fais demander un maréchal des logis de la Garde qui fût ancien dans le corps. Un bel homme se présente.

— Que me voulez-vous ? me dit-il.

— Je désirerais savoir si vous avez été dans la garde du Directoire.

— Oui, j'y étais.

— Eh bien, c'est moi qui ai dressé vos chevaux et qui les ai montés au Luxembourg, quand M. Potier vous les a vendus. Vous devez vous rappeler tout cela.

— C'est vrai, me dit-il ; entrez, je vais vous présenter à mon capitaine. »

Le capitaine me reconnut, il me traita avec la plus grande bonté, me fit voir tous les chevaux que nous lui avions livrés jadis, et me demanda si j'avais besoin de quelque chose. Je lui répondis que nous mourions tous de faim et de fatigue. Il me fit donner une bouteille d'eau-de-vie et cinq pains parmi les meilleurs qu'on put trouver au quartier général. Je le remerciai, et je me disposai à rejoindre mon corps. Il vint me reconduire avec son maréchal des logis jusqu'à la grille du château.

En passant dans la cour d'honneur, un spectacle déchirant s'offrit à nous. Les blessés de la Garde étaient là étendus sur la paille, et l'on faisait des amputations. Partout des cris ! Je sortis le cœur navré.

Dans la plaine, c'était bien pis encore. Nous vîmes le champ de bataille couvert de soldats autrichiens et français qui ramassaient les morts, les traînaient avec les bretelles de leurs fusils et les réunissaient. Soldats, chevaux, on mettait tout pêle-mêle dans un même tas, et on les brûlait pour nous préserver de la peste. Quant aux cadavres trop éloignés des autres, on se contentait de jeter un peu de terre sur eux.

Nous rencontrâmes un lieutenant qui nous supplia de lui donner du pain, et nous remercia de notre cadeau comme des sauveurs. Il nous conduisit ensuite un bon bout de chemin, de peur que nous ne fussions arrêtés et dépouillés. Quand nous arrivâmes, le capitaine, en voyant le paquet dont nous étions chargés, se mit à rire.

— Est-ce que vous venez de la maraude ? dit-il.

— Oui, capitaine, je vous apporte du pain et de l'eau-de-vie.

— Mais comment vous êtes-vous procuré tout cela ? »
Je lui racontai mon aventure.

« Ah ! me dit-il, vous êtes né sous une bonne étoile. »

J'étais, en effet, bien heureux de pouvoir lui rendre la goutte qu'il m'avait donnée la veille, pendant la bataille, et le souper auquel il m'avait invité le soir. Je lui observai que peut-être le colonel et le général seraient fort aises de partager notre pain.

« Vous avez raison, me dit-il, ils sont comme nous la faim les dévore. »

Aussi, après avoir mangé quelques bouchées, il leur porta une miche qui fut très bien reçue.

Le 16, au matin, le général Mélas nous renvoya nos prisonniers. Il y en avait environ douze cents. Ce fut une grande fête pour nous de les revoir. Ce même jour, nous reçûmes l'ordre de nous tenir prêts à défiler devant le Premier Consul. Chaque soldat couvrit son chapeau de feuillage, en signe de joie et de victoire, et, à midi, le défilé commença. Bonaparte était à cheval sur cette grande route d'Alexandrie, qui nous avait coûté tant de sang et d'efforts. Toute l'armée vint y passer devant lui.

Le 26, nous assistâmes à un autre défilé ; c'était celui des Autrichiens sortant d'Alexandrie en vertu des conventions qui venaient d'être signées par le Premier Consul. Nous étions frappés de stupeur, en voyant passer sous nos yeux cette masse d'infanterie, d'artillerie et de cavalerie. Il y en avait assez pour nous battre à plate couture. Mais, heureusement, les hostilités avaient cessé. Mélas nous avait abandonné quarante lieues de pays et des vivres, des munitions, des bagages en abondance extrême.

Notre brigade suivit la dernière colonne des Autrichiens, comme si elle était destinée à fermer leur marche : nous faisions route ensemble et nos éclopés montaient sur leurs chariots. A la couchée, nous occupions la moitié du village et eux l'autre moitié, ceux-ci à droite de la route, ceux-là à gauche ; nous étions les meilleurs amis du monde.

Nous arrivâmes dans cet ordre jusqu'au pont volant

jeté sur le Pô et là nous vîmes un spectacle hideux. Nos maraudeurs étaient entrés dans un château et avaient pris l'argenterie qu'ils y avaient trouvée. Une cantinière la leur avait achetée. Le maître du château, qui avait aperçu les soldats déposant leur butin dans le tablier de cette femme, monta à cheval, vint près du colonel et lui signala la receleuse.

Elle fut condamnée à être tondue, et promenée toute nue sur son âne devant le front du régiment. La punition fut immédiatement appliquée. Huit militaires conduisaient l'âne et la patiente. C'était pitié de la voir, pleurant et tremblant. Le maître du château demandait grâce pour elle. Mais le soldat rit de tout. Au bout de quelque temps, la honte, l'émotion, la fatigue produisirent sur cette malheureuse l'effet le plus désastreux. Elle inonda tout le dos de son âne.....

Les conducteurs, qui certes ne craignaient pas l'odeur de la poudre, déclarèrent qu'ils ne pouvaient supporter celle-là. Ils refusèrent de continuer leur service et, pour s'en débarrasser, ils poussèrent l'âne et la femme dans le Pô. On leur laissa prendre un bain de quelques minutes et on les retira ensuite. La pauvre cantinière fut chassée du régiment. Son malheur excita les regrets de celui même qui était venu se plaindre d'elle. Avant de retourner à son château, il lui donna une bourse pleine d'argent.

Nous passâmes le Pô et nous arrivâmes à Crémone, où nous devions tenir garnison pendant les trois mois de trève.

C'était une grande ville, entourée de remparts et

qui pouvait se défendre contre un coup de main.
Mais c'est la plus mauvaise garnison de l'Italie. Nous
étions couchés sur de la paille en poussière, et dévo-
rés par la vermine. Voulant détruire celle qui me
rongeait, j'eus l'idée de faire une cendrée dans une
grande chaudière, et de plonger ma veste et ma culotte
de tricot dans cette espèce de lessive. Quel malheur
pour moi ! Mon drap et mon tricot furent littéralement
brûlés, à tomber en lambeaux ; et, comme j'avais
laissé mon sac sur le champ de Marengo, j'étais exposé
à me promener tout nu, comme la pauvre cantinière.
Il fallut que mes camarades vinssent à mon secours,
et, grâce à leur bonne amitié, je me tirai d'embarras
tant bien que mal.

A ce moment, je résolus d'écrire à mon père et à
mon oncle pour leur faire part de ma détresse et les
prier de m'envoyer un peu d'argent. La réponse fut
longue à venir : pourtant elle arriva. Je reçus deux
lettres à la fois. Elles n'étaient pas affranchies, et
coûtaient trente sous chacune, trois francs à elles deux.
N'ayant rien pour acquitter le port, j'empruntai l'argent
à un vieux sergent de la compagnie. Il se chargea en
outre de me lire les deux missives.

— Si tu étais plus près de moi, disait mon père, je
t'enverrais de l'argent.

— Je ne peux rien faire pour toi, disait mon oncle,
j'ai acheté des biens nationaux, il faut que je les
paie.

Voilà les charmantes lettres que je reçus.

Et moi, pour acquitter ma dette, je fus obligé plus tard, quand la trève eut cessé, de monter quatre gardes aux avant-postes, en sentinelle perdue, à raison de quinze sous par garde, et au risque de me faire égorger. Aussi, de ma vie, je n'écrivis plus à mes parents.

CHAPITRE II

Bonaparte quitta l'armée d'Italie. Nous étions alors sous les ordres du général Brune, un vaillant officier. Que la France en aie souvent de pareils ! Avec eux, les soldats pourront passer partout.

Notre demi-brigade fut réorganisée. On tira, dans le bataillon, le nombre de grenadiers nécessaires pour compléter notre compagnie. Tous les jours nous faisions des promenades militaires et des exercices. La discipline était sévère. Mais combien nous aspirions au moment où finirait la trève pour rentrer en campagne ! Quand cet heureux jour arriva, ce fut une joie extrême dans toute l'armée. Nous partîmes des premiers pour nous porter sur la ligne des opérations.

En passant dans un gros bourg nommé, je crois, Viédane, nos fureteurs découvrirent, sous une montagne,

une cuve énorme remplie de vin. On délibéra longtemps pour savoir comment nous pourrions profiter
de cette trouvaille. La guerre n'était pas formellement
déclarée. Il y avait danger à violer un domicile ou
une propriété quelconque. On décida que l'on ferait
un bon, qu'on le présenterait aux autorités du pays et
qu'on tâcherait, par ce moyen, d'obtenir d'elles un
nombre satisfaisant de rations.

« Mais qui le signera ? s'écrièrent plusieurs voix.

— *Laplume* », répondit le fourrier.

Et, en effet, écrivant de la main gauche, il signa
Laplume. Le lieutenant, consulté, nous autorisa à
tenter l'aventure. Le domestique du colonel offrit de
compléter notre supercherie.

« J'ai votre affaire, dit-il, je vais prendre le cachet
dont le colonel se sert pour cacheter les lettres officielles. Un peu de noir de fumée pour l'empreinte, et
vous aurez un bon en toute règle. »

Ainsi dit, ainsi fait. On se présente chez le maire
du village, ou chez l'alcade, je ne sais de quel titre on
l'appelait. Il n'ose pas se faire tirer l'oreille, et donne
immédiatement les ordres que nous désirions. La distribution se fit peu après ; nos officiers en rirent de
bon cœur. Et voilà comment *Laplume* nous procura
cinq cents rations d'excellent vin.

A Brescia, nous trouvâmes l'armée rassemblée dans
une belle plaine. Le général en chef nous passa en
revue, et, dès le lendemain, nous partîmes pour prendre
notre position sur les bords du Mincio. On avait fait
de nombreux préparatifs de passage, et l'on s'était

décidé pour un point de la rivière que dominaient de notre côté des montagnes très élevées.

Le passage se fit à l'abri d'un village qui masquait nos troupes, si bien que l'armée autrichienne, malgré qu'elle fût en nombre considérable, ne put s'y opposer. Mais, une fois sur l'autre rive, les troupes qui s'y étaient postées eurent à soutenir une terrible bataille. Elles furent battues à plate couture et forcées de se replier sur le Mincio avec d'énormes pertes. Sans doute elles auraient été complètement culbutées, si notre position, de ce côté-ci de la rivière, n'avait pas permis de les secourir et de tenir les Autrichiens en respect. Le général Suchet avait là, sur la montagne, cinquante pièces de gros calibre, dont les bordées passant par-dessus nos colonnes, foudroyaient l'enne-mi. C'était une grêle d'obus et de boulets qui pleuvait sans cesse dans leurs rangs.

Nos trois bataillons de grenadiers, restés sur la rive gauche du Mincio, assistaient immobiles à ce ter-rible spectacle. Nous étions désolés de ne pas pouvoir marcher au secours de nos camarades. Nous aperce-vions les moindres détails du combat, et nous n'y prenions aucune part! Le héros de la journée fut un petit voltigeur qui, resté seul dans la plaine, après que l'armée eut reculé jusqu'au Mincio, continua de tirer sur les Autrichiens, et de crier :

« En avant, en avant! »

Son intrépidité ranima celle de sa division. On ne voulut pas l'abandonner seul aux ennemis, la charge battit de nouveau, et on reprit l'offensive. Le général

Suchet, témoin comme nous de ce fait d'armes, envoya chercher le petit voltigeur.

« Venez, lui dit l'aide de camp de Suchet, le général vous demande.

— Et pourquoi?

— Obéissez à votre général !

— Mais je n'ai pas fait de mal, je veux continuer à me battre.

— C'est pour vous récompenser de votre belle conduite.

— Oh ! alors, je vous suis. »

On conçoit qu'un pareil brave fut bien accueilli de tous les officiers et de tous les soldats. Il reçut du général Suchet la promesse d'un fusil d'honneur.

Cette rude bataille n'était qu'une feinte pour attirer l'ennemi sur un point quelconque du Mincio. Dès le soir, nous nous mîmes en route pour rejoindre le général Brune, et passer avec lui la rivière, trois lieues plus haut. Là encore nous avions derrière nous de belles hauteurs boisées et nous étions protégés dans notre passage par un moulin. Les hussards demandèrent à passer les premiers pour se venger des désastres qu'ils avaient éprouvés à Montebello. Le colonel promit cinquante louis au cavalier qui donnerait un coup de sabre avant lui.

On les fit soutenir par dix-huit cents hommes d'infanterie polonaise, qui, débarrassés de leurs sacs, les suivirent au pas de course et tombèrent avec eux sur les colonnes autrichiennes. Ils ramenèrent une masse de prisonniers et quatre drapeaux.

Nos trois bataillons de grenadiers s'élancèrent presqu'en même temps. Le premier, dont je faisais partie, était dirigé par le général Lebrun, un bon et brave soldat. Il avait reçu du général Brune l'ordre d'enlever une redoute qui battait notre pont et gênait le passage ; nous y marchâmes sans broncher, d'ailleurs nous étions masqués par une petite butte. Les boulets passaient par-dessus nos têtes, et notre artillerie, braquée sur les montagnes opposées, éteignait peu à peu les feux ennemis. Quand nous fûmes arrivés à une portée de fusil de la redoute, ils battirent la chamade et se rendirent. Il y avait là 2.000 hommes et deux drapeaux.

La redoute enlevée, toute l'armée passa. On se mit en bataille. Les Autrichiens furent culbutés. Leurs bagages, leurs caissons tombèrent entre nos mains. La frottée fut terrible. Nous profitâmes de cette victoire pour nous porter sans coup férir jusqu'au delà de Vérone. Les Autrichiens ne voulaient pas battre trop vite en retraite ; mais nos trois bataillons, placés à l'avant-garde, les serraient de près et les poussaient sur la route de Vicence.

C'est alors que je m'occupai d'acquitter mes dettes de Crémone, c'est-à-dire mes malheureux ports de lettres. Je montai la garde aux postes avancés. Nous étions, comme d'habitude, quatre hommes et un caporal. L'adjudant-major vint nous faire placer et je fus désigné le premier pour faire faction. On me mit dans un pré, en me disant :

« Faites feu sur ce qui viendra de ce côté, sans crier

qui vive. Ne vous laissez pas surprendre ! Ne laissez
pas surprendre vos camarades ! »

Me voilà seul, par une nuit profonde, en sentinelle
perdue, pour la première fois de ma vie. Je ne voyais
pas à deux pas devant moi ! J'étais immobile et j'écou-
tais, en serrant convulsivement la batterie de mon
fusil. Bientôt la lune se lève, j'étais soulagé d'un
grand poids, j'allais voir clair autour de moi, je n'aurais
plus peur. Mais tout à coup j'aperçois, à cent pas environ, au milieu des feuillages, une forme blanchâtre et
singulière, ressemblant à un grenadier hongrois. Rien
ne bougeait. Cependant je croyais être sûr de mon
fait, j'ajuste du mieux que je peux et je tire... A mon
coup de fusil, toute la ligne répond ! Je pensai que
l'ennemi débouchait de tous côtés et je rechargeai
mon fusil en toute hâte. Le caporal arriva bien vite
avec ses trois hommes ; l'adjudant-major ne se fit pas
attendre. Nous nous assurâmes que le grenadier hongrois était tout simplement un tronc de saule à moitié
moisi. Néanmoins, on ne me gronda pas : j'avais fait
mon devoir et, dans ma position, il valait mieux trop
de vigilance que pas assez.

Les Autrichiens fuyaient toujours devant nous. Nous
les poursuivîmes jusque près des bords de la mer, ou
plutôt près des lagunes de Venise, sans combats ni
incidents dignes d'être rapportés.

Un jour, nous reçûmes l'ordre de partir pour Vérone
afin d'y célébrer la paix. C'était la fin de toutes nos
fatigues. Combien grande fut notre joie ! Pour la combler, on nous apprit que notre régiment était désigné

pour tenir garnison à Paris ! Nous traversâmes les magnifiques plaines de la Lombardie jusqu'à Turin. Nous passâmes le mont Cenis, et, après bien des jours de marche, nous arrivâmes à Lyon. Lorsque notre régiment se déploya sur la place Belcour, tous les incroyables, le lorgnon à la main, s'approchèrent de nous et nous demandèrent si nous venions d'Italie.

« Oui, messieurs, répondions-nous.

— Vous n'avez pas la gale ?

— Non, messieurs.

— Ah ! vraiment, c'est incroyable ! »

Et là-dessus, ils frottaient leur lorgnon sur la manchette de leur habit. Les autorités de Lyon refusaient, je ne sais pourquoi, de nous loger en ville : mais le général Leclerc, beau-frère du Premier Consul, les força de donner des billets de logement. Je me rappelle que, le jour de notre arrivée à Lyon, on accorda sept congés par compagnie aux plus anciens soldats de notre demi-brigade. C'est peut-être la seule fois que Bonaparte en ait donné pendant tout le cours de son empire.

Le lendemain, on nous annonça que nous n'allions pas à Paris, comme nous y comptions, mais en Portugal ! Le général Leclerc nous comprit dans les 40.000 qu'il emmenait de ce côté. Il fallut se résigner, et partir dans un état déplorable. Nous étions mal chaussés, mal vêtus : c'était encore la République !

De Lyon à Bayonne, nous trouvâmes la route bien longue et nous souffrîmes horriblement de la chaleur. Nous entrâmes en Espagne par le pont d'Irun. Quelques-uns de nos camarades, rencontrant un nid de cigogne, se hâtèrent de le détruire et de prendre les deux petits. Aussitôt les autorités du pays arrivèrent pour les réclamer au colonel. L'alcade dit que ces oiseaux étaient vénérés dans le pays, qu'ils étaient nécessaires pour détruire les serpents et les lézards, et qu'il y avait peine de galère pour ceux qui les tuaient. A la vérité, l'on en voit partout; les plaines en sont couvertes. On leur dispose de vieilles roues sur des poteaux, pour les faire nicher, ou bien ils s'installent sur les pignons de tous les bâtiments. On les traite comme un oiseau sacré. Notre colonel, ne voulant pas blesser de pareilles coutumes, fit rendre les deux petits qui avaient été enlevés.

Dès notre première étape, nos soldats trouvèrent du vin d'Espagne, à trois sous la bouteille. Ils en burent comme du petit lait, et ils tombèrent ivres-morts. Il fallut mettre toutes les voitures du pays en réquisition, et les y charger comme des veaux. Au bout de huit jours, les ivrognes ne pouvaient plus manger leur soupe. Le bouillon ne restait pas dans la cuillère. Ces maudits vins leur avaient donné un tremblement nerveux épouvantable.

Nous gagnâmes Vitoria, de là Burgos, de là Valladolid, où nous restâmes très longtemps couchés dans la vermine. Dans cet affreux pays, ce sont les poux qui font le lit des soldats, à force de remuer la paille. Les trois quarts des Espagnols en sont eux-mêmes infestés. Ils les prennent à la pincée et les jettent par terre, en disant :

« Que celui qui vous a faits vous nourrisse. »

A Valladolid, j'eus le bonheur d'être tiré sapeur, par mon colonel, M. Lepreux. C'était un grand avantage pour un pauvre soldat comme moi, car les sapeurs sont toujours logés avec l'état-major, bien traités, bien soignés. On me donna deux habillements neufs : grande tenue et petite tenue, et le tablier blanc et la hache. Je laissai pousser ma barbe : elle prit bientôt des proportions énormes, treize pouces de long !

De Valladolid nous partîmes pour Salamanque, grande ville, où nous restâmes encore longtemps à passer des revues et à faire la petite guerre. Notre avant-garde poussa sa pointe presque sur la frontière du Portugal, mais on ne se battit pas sérieusement, et l'on obtint la paix sans difficultés.

Nous rentrâmes en France par la même route que nous avions déjà suivie. Bien que nous ne fussions pas en pleine guerre, il fallait cependant veiller sur nous. Au sortir de Valladolid, les Espagnols nous égorgèrent deux fourriers à coups de masse. Un peu plus loin, près de Burgos, ils eurent l'audace de pénétrer dans le corps de garde placé au logement du colonel, et d'y prendre nos drapeaux pendant que les soldats dormaient. Heureusement le factionnaire finit par les apercevoir, il cria : Aux armes ! On se précipita à leur poursuite, et nos grenadiers, les ayant atteints, les passèrent au fil de la baïonnette. Voilà quel est le fanatisme de ce peuple !

Nous traversâmes Bordeaux, Tours, et nous arrivâmes au Mans, lieu qu'on nous avait assigné pour notre garnison. Cette ville avait été désolée par la guerre civile, durant la Révolution. La caserne où nous étions logés conservait encore la trace du sang des victimes égorgées. Aussi, quelle joie pour les habitants de voir dans leurs murs un bon vieux régiment qui ne s'était jamais battu que contre les ennemis de la France !

Pendant que nous étions dans cette charmante garnison, notre colonel, M. Lepreux, se maria avec une demoiselle d'Alençon. Il donna, à ce propos, des fêtes magnifiques et me chargea de porter des invitations dans les campagnes environnantes.

Nous eûmes aussi notre fête à nous. La caserne rendit le pain béni. Ce fut une vraie cérémonie. On fit faire trois civières garnies de velours et chargées de brioches. Six des sapeurs les portaient. Tout le régiment était à la messe. La femme du colonel quêtait. Elle était conduite par mon brave capitaine Merle, devenu commandant. Le tambour-major servait de suisse, et moi je tenais le plat où se déposaient les offrandes. La quête produisit 900 francs aux pauvres de la ville.

Après la messe, on porta chez le colonel une des civières chargée de pain béni, et l'on fit des parts, avec une branche de laurier sur chaque et une lettre d'invitation à côté, pour un grand bal que donnait M. Lepreux.

Je fus chargé de procéder à la distribution de ces parts. Deux sapeurs portaient la grande bannette toute pleine de brioches. Ils s'arrêtaient à la porte de chaque invité ; je prenais une part et une lettre d'invitation et j'entrais pour les présenter. Dans chaque maison on me donnait tantôt un écu de 6 francs, tantôt un petit écu. Ma tournée dans la ville et les campagnes me produisit 300 francs.

Le colonel voulut savoir si j'avais bien été récompensé. Je lui vidai mes poches. Il partagea la somme en deux et me dit :

— Voilà d'abord la moitié pour vous ; partagez le reste avec les sapeurs. »

Mes camarades ne savaient rien de ce qui s'était passé. Quand nous fûmes de retour à la caserne, et qu'en présence du sergent et du caporal je déposai l'argent sur une table, pour en faire le partage, ils n'en pouvaient croire leurs yeux.

« Vous avez donc volé la caisse du régiment ! s'écrièrent-ils.

— Non pas, répondis-je, tout cet argent est à nous ; c'est le pain béni qui nous vaut cette aubaine. Partageons. »

Nous étions dix ; nous eûmes chacun 15 francs, et cela joint à mes 150 francs, que le colonel m'avait déjà réservés, je me trouvai à la tête d'une petite fortune. Quelle joie inespérée ! Mes camarades, m'attribuant leur bonheur, voulaient encore me régaler. Je n'y consentis pas, et le lendemain je leur payai une bonne bouteille de cognac.

Quinze jours après, je reçus une lettre de Paris. Qu'on juge de ma surprise ! C'était ma chère sœur, qui avait été perdue dans les bois par notre marâtre et qui, après bien des traverses, était devenue cuisinière chez un chapelier, place du Pont-Neuf. Elle avait fini par savoir que j'avais servi des marchands de chevaux du Coulommiers, en Brie, et elle avait présumé que la conscription m'avait atteint dans ce nouveau pays. Un parent de son maître était employé dans le ministère de la Guerre. Par son entremise, elle fit faire des recherches, et l'on me découvrit dans la 96ᵉ demi-brigade.

Un bonheur n'arrive jamais seul. Le colonel et mon commandant Merle m'apprirent que j'avais été porté, avec quelques officiers, pour obtenir une récompense militaire, et que déjà la demande était transmise au Ministère.

« Nous avons rappelé, disaient-ils, la promesse que le Premier Consul vous a faite à Montebello. »

Une autre fois, le colonel me manda près de lui.

« Voilà, s'écria-t-il, la grande nouvelle arrivée ! Vous êtes nommé dans la Garde, on va vous faire votre décompte et, quand vous partirez, je vous donnerai une lettre de recommandation pour le général Hulin, qui est mon grand ami. »

Ainsi je marchais de prospérités en prospérités. J'avais 200 francs dans ma bourse. J'entrais dans un corps privilégié, objet de l'admiration et de l'envie de toute l'armée. Je m'y présentais avec d'excellentes notes et d'honorables protections. J'allais, enfin, revoir ma sœur, la compagne de mon enfance et de mes premières infortunes.

J'arrivai à Paris, le 2 germinal an XI. On m'avait

indiqué comme résidence l'une des casernes de la Garde, appelée la caserne des Capucins. Elle était située entre la rue Saint-Honoré et les Tuileries tout prés de la place Vendôme. La porte d'entrée principale s'ouvrait sur la rue Saint-Honoré, mais il y avait une autre grande porte sur le grand chemin qui longeait alors la grille des Tuileries et qui depuis est devenue la rue de Rivoli. A côté se trouvait une petite ruelle bordée de murs fort élevés et qu'on nommait le passage des Feuillants.

Je fus mis en subsistance (provisoirement) dans la 3ᵉ compagnie du 1ᵉʳ bataillon de grenadiers. Mon capitaine s'appelait Renard ; un guerrier à toute épreuve ! Il n'avait qu'un défaut, celui d'être trop petit ; mais en revanche il avait une voix de stentor, et, quand il commandait, il paraissait toujours grand. Il me reçut avec affabilité. Ma grande barbe le fit rire.

« Si vous aviez plus de taille, dit-il, je vous ferais entrer dans nos sapeurs ; malheureusement vous êtes trop petit. Vous êtes même trop petit pour entrer dans les grenadiers.

— Capitaine, répliquai-je, j'ai un fusil d'honneur.

— Est-ce possible ?

— Oui, capitaine. Le ministre de la Guerre m'a écrit lui-même au Mans pour me faire venir dans la Garde, et mon colonel, M. Lepreux, m'a donné une lettre de recommandation pour le général Hulin.

— Oh ! alors, c'est différent. Je vais demander pour vous une audience au ministre et tâcher de vous garder dans ma compagnie.

— Le ministre fera pour moi tout ce qui est possible. C'est lui qui m'a trouvé à Montebello à cheval sur une pièce de canon que j'avais prise. Il est vrai qu'alors je n'avais point de barbe et qu'il ne me reconnaîtra plus ; mais il m'a noté sur son petit calepin vert.

— Vous m'en direz tant que je voudrais déjà être à demain pour voir comment il vous recevra. Revenez demain, à midi, je vous présenterai. »

Le lendemain, à l'heure dite, nous partîmes pour le ministère. Lorsque nous fûmes introduits près de Berthier :

« Capitaine, dit-il de son ton nasillard, voilà un beau sapeur que vous m'amenez là, que veut-il ?

— Général, interrompis-je, vous m'avez écrit, au Mans, de venir dans la Garde.

— Comment te nommes-tu ?

— Jean-Roch Coignet. C'est moi que vous avez trouvé à Montebello sur une pièce de canon.

— Ah ! c'est toi ?

— Oui, mon général.

— Eh bien ! va dans les bureaux en face ; tu demanderas le carton des officiers de la 96ᵉ demi-brigade, et tu m'apporteras une pièce que j'ai signée et qui te concerne. »

Je vais dans les bureaux. Je fais ma demande. Les employés regardaient plutôt ma barbe que de songer à me servir :

« Est-elle postiche ?

— Est-elle naturelle ? »

Je fus obligé de la tirer à poignée pour leur prouver qu'elle tenait bien à mon menton. Ils se décidèrent à me donner le paquet dont j'avais besoin, en me disant que ce paquet me faisait honneur. Je le portai à Berthier.

« Vois-tu, dit-il, que je ne t'ai pas oublié. Tu auras une petite machine à ton habit. Et vous, Renard, tâchez de le garder dans votre compagnie, c'est un soldat éprouvé. »

Je remerciai le ministre et nous sortîmes. De là, nous allâmes chez le général Davout, qui commandait alors les grenadiers à pied. Mon capitaine lui expliqua qu'il voulait me garder dans sa compagnie, quoique je n'eusse pas la taille, parce que j'avais un fusil d'honneur et de bonnes notes.

« Eh bien ! dit le général Davout, il faut tromper la toise. Voyons combien il lui manque… six lignes !… avec deux jeux de cartes dans chacun de ses bas, on comblera la différence. »

Mon capitaine accepta ce conseil avec empressement. Il était vif comme un poisson et menait tout grand train. Il me procura des cartes, m'aida à les arranger sous mes pieds, et le soir je passai sous la toise.

Mon capitaine se redressait en face de moi, croyant me faire grandir ; mais je n'avais pas besoin de ses encouragements, je me tenais droit comme un piquet, et, grâce à la ruse employée, je sortis victorieux de l'épreuve. J'étais censé avoir les cinq pieds six pouces exigés pour être grenadier : et je fus admis aussitôt dans la compagnie du capitaine Renard. Il était aussi fier que moi d'avoir réussi dans son dessein.

Une fois que je fus admis, il envoya chercher son sergent-major, et lui dit de me placer dans l'ordinaire le plus faible.

« Nous avons, ajouta-t-il, le plus grand des grenadiers de la Garde : nous aurons aussi le plus petit.

— Justement, reprit le sergent-major, le grand est seul en ce moment ; il n'a pas de camarade de lit ; c'est un bon garçon, il faut les mettre ensemble. »

Aussitôt dit, aussitôt fait, me voilà avec un gaillard qui avait six pieds quatre pouces ! Quand on me présenta à lui, il se mit à rire et s'écria qu'il pourrait m'emporter en contrebande sous sa redingote.

Je payai ma bienvenue de manière à contenter tout le monde, puis je demandai la permission de sortir, pour faire quelques courses dans Paris. Mon premier soin fut de voler à la place du Pont-Neuf, chez le chapelier où ma sœur était domestique. J'arrive, je montre au maître de la maison la lettre qu'il avait eu l'obligeance de m'écrire au Mans, et je demande à voir ma sœur Marianne.

« Attendez un moment, dit-il, votre grande barbe lui ferait peur, je vais l'avertir. »

Bientôt il revient et m'emmène dans la maison. J'aperçois une grosse mère, et nous nous jetons dans les bras l'un de l'autre, en pleurant de joie.

Après le premier moment d'effusion, elle m'annonce que mon frère aîné est à Paris et qu'il va venir la voir sur les midi. Quel bonheur pour moi ! Je cours bien vite à l'appel, et à une heure j'étais revenu chez le chapelier.

Cette fois, mon frère m'avait précédé. Ma sœur lui raconta qu'elle m'avait vu, et que j'étais arrivé dans la Garde consulaire. Il ne pouvait le croire.

« Fais bien attention, dit-il, de ne pas te laisser tromper. Ne vas pas faire connaissance d'un soldat de rencontre et nous déshonorer, nous avons été assez malheureux sans cela.

— Mon ami, répond-elle, il va venir après l'appel : tu jugeras toi-même.

En effet, j'arrive ; elle le fait cacher.

« Mon frère n'est donc pas venu ? dis-je en entrant.

— Si, mais il prétend que vous n'êtes pas mon frère.

— Eh bien ! Il faut lui dire que c'est moi qu'il a emmené de Druyes et qu'il a conduit à Étais pour me louer ; il faut lui dire qu'il avait alors du mal au bras, etc., etc. »

Là-dessus, il sort de sa cachette, se précipite vers moi, et nous voilà tous les trois dans les bras l'un de l'autre, pleurant si fort que tout le monde de la maison accourt pour nous voir. C'était, il est vrai, un spectacle touchant que des malheureux se retrouvant après dix-sept ans de séparation.

L'émotion fut si grande qu'elle devint fatale à ma sœur et à mon frère ; huit jours après, ma pauvre sœur tomba malade, il fallut la porter à l'hôpital, où elle mourut ; mon frère la suivit de près. Il ne put se consoler de sa mort. Bientôt, je fus obligé de le renvoyer au pays, où il succomba à son tour. En trois mois, je les perdis tous deux. Voilà des malheurs que je n'oublierai jamais !

Ma sœur, avant de mourir, m'apprit comment notre belle-mère l'avait abandonnée dans les bois de Druyes, et comment elle avait été retrouvée par le père Thibault, meunier à Beauvoir. Malheureuse fille ! je lui prodiguai tous les soins imaginables. Mon sergent-major, que j'avais mis dans mes confidences, me laissait sortir chaque jour pour aller la voir. Mais tout fut inutile... Je la conduisis au champ du repos !

Ce pieux devoir accompli, je me livrai tout entier à mes occupations militaires. Tous les jours, j'allais à l'exercice pour apprendre les mouvements et les manœuvres de la Garde. Je continuai de fréquenter la salle d'armes, quoique je fusse déjà très fort. Je coupai ma barbe, et je fus équipé assez promptement.

Au bout d'un mois, je fus quitte de tout noviciat et l'on me mit au bataillon. La discipline n'était pas sévère. On descendait pour l'appel du matin en caleçon et en sarrau de toile, sans bas aux jambes. On répondait, puis on courait se remettre au lit. Mais il nous arriva un colonel nommé Dorsenne, qui venait d'Égypte, tout couvert de blessures. C'était l'homme qu'il fallait pour donner à la Garde une discipline sévère et une tenue irréprochable. Il faisait trembler le plus terrible soldat. Par ses soins, tous les abus furent réformés ; au bout d'un an, nous pouvions servir de modèle à toute l'Europe.

Du reste, on ne pouvait pas désirer un plus beau

guerrier sur le champ de bataille que ce colonel Dorsenne ; je l'ai vu renversé et couvert de terre par des éclats d'obus, se relever en disant :

« Ce n'est rien, grenadiers ! votre général est encore près de vous. »

J'ajouterai qu'il était aussi juste que brave. De tels hommes sont bien à regretter.

Un jour, la nouvelle se répandit que le Premier Consul viendrait visiter notre caserne et qu'il fallait nous tenir sur nos gardes.

Il nous était arrivé des malheurs. Plusieurs grenadiers s'étaient suicidés. C'était là, sans doute, ce qui avait déterminé le Premier Consul à nous visiter. Il trompa tout son monde, et vint si matin qu'il nous prit au lit. Il était accompagné du général Lannes, son favori. Tous deux parcoururent les chambres à coucher. Quand ils furent arrivés dans la nôtre, voilà mon camarade qui s'allonge en voyant le Consul. Comme il avait six pieds quatre pouces, ses jambes dépassaient le bout de la couchette de plus d'un demi-pied. Bonaparte croit qu'il y a là deux grenadiers au bout l'un de l'autre. Il vient à la tête de notre lit pour s'assurer du fait, passe la main tout le long de mon camarade et reconnaît la vérité.

« Mais, dit-il, ces couchettes sont trop courtes pour mes grenadiers. Vois-tu, Lannes, il faut réformer tout le coucher de ma Garde, prends cela en note. Cette literie servira pour la ligne et on la remplacera par quelque chose de plus convenable. »

En effet, nous reçûmes quelque temps après des

lits neufs de sept pieds de long et, ainsi, mon camarade fut la cause d'une énorme dépense pour l'État.

Le Consul, en continuant sa visite, fit une morale sévère à nos chefs, il voulut tout voir. Quand on lui présenta le pain :

« Ce n'est pas cela qu'il faut, dit-il, je paie pour du pain blanc, je veux en avoir. Tu entends, Lannes, tu enverras ton aide de camp chez le fournisseur afin qu'il vienne me parler. »

En quittant la caserne, il nous dit qu'il nous passerait en revue le dimanche suivant.

« J'ai besoin de vous voir, ajouta-t-il, il y a des mécontents parmi vous, je recevrai leurs réclamations. »

Le colonel Dorsenne se donna bien du mouvement pour préparer la Garde à cette revue. Le magasin d'habillement fut bouleversé, et le matin, à dix heures, il passa son inspection. Les officiers tremblaient de crainte. A onze heures, nous partîmes pour les Tuileries, et à midi le Consul parut. Il monta sur un cheval blanc, que l'on disait avoir servi à Louis XVI. C'était un animal de la plus grande beauté ; jamais, peut-être, Bonaparte n'en monta de plus superbe.

Il fit ouvrir les rangs aux grenadiers de la Garde, les traversa au pas, reçut beaucoup de pétitions, qu'il prenait lui-même pour les donner au général Lannes, et continua la revue des autres corps au galop.

En rentrant, nous trouvâmes des tonneaux de vin à la caserne ; on nous en fit la distribution. Chacun eut son litre, et nous apprîmes que l'on fabriquait des croix d'honneur. Ce fut une grande joie dans la Garde, car beaucoup surent qu'ils devaient être décorés ; j'étais de ce nombre. Bientôt l'avis officiel nous en fut donné, je crois que nous étions dix-huit cents dans toute la Garde désignés pour recevoir la croix.

Le 14 juin 1804, eut lieu, dans l'église des Invalides, la grande cérémonie des décorations. A droite, en entrant dans le Dôme, les soldats de la Garde impériale nommés chevaliers de la Légion d'honneur étaient rangés dans des galeries disposées comme les galeries d'un théâtre au-dessus les unes des autres. A gauche, dans des galeries semblables, les soldats de l'armée, et au-dessus de l'armée comme au-dessus de la garde, tout autour de la rotonde, les invalides.

Les officiers de tous grades et de toutes armes étaient debout au milieu, sur les dalles. Bonaparte, récemment nommé empereur, vint se placer sur un trône, à droite, entre les grenadiers de la Garde et l'autel qui occupait le fond. Vis-à-vis, entre l'autel et les gradins de l'armée, on avait disposé une simple loge où Joséphine s'assit avec toutes ses dames d'honneur.

D'abord, on appela tous les grands dignitaires de la Légion, jusques et y compris les officiers. Puis, l'Empereur envoya à Joséphine une croix que Murat et Beauharnais lui portèrent sur un plat d'argent.

Immédiatement après, j'entendis appeler Jean-Roch Coignet ; j'étais dans la deuxième galerie de la Garde, je passai devant mes camarades. J'arrivai au parterre et, traversant tout le corps des officiers, je me présentai au pied du trône. Murat et Beauharnais se tenaient là debout. Murat avait dans ses mains une grande nacelle pleine de croix, dont les cordons rouges pendaient au dehors. Beauharnais avait une pelote garnie d'épingles. Ce dernier, qui n'avait encore vu que de grands dignitaires et des officiers supérieurs, sachant aussi que beaucoup d'officiers n'étaient pas encore décorés, s'étonna d'apercevoir tout à coup un simple soldat.

« Halte-là, dit-il, on ne passe pas. »

Mais Murat lui répondit :

« Mon prince, tous les dignitaires sont déjà décorés, et tous les légionnaires sont égaux entre eux. Il est appelé, il peut passer. »

Je monte alors les degrés du trône et je me présente, droit comme un piquet, devant l'Empereur. Il me dit que j'étais un brave défenseur de la patrie et que j'en avais donné des preuves.

« Accepte, ajouta-t-il, la croix de ton Empereur. »

Je retirai ma main droite, qui était collée à mon bonnet à poil, je reçus la croix par le ruban, et ne sachant qu'en faire, je redescendis les degrés à reculons. L'Empereur, voyant mon embarras, me fit remonter près de lui; il saisit la croix dans ma main, la passa dans la boutonnière de mon habit, prit une épingle sur la pelote de Beauharnais, et me l'attacha. Cela fait, je descendis et, traversant de nouveau l'état-major qui occupait le parterre, je rencontrai mon ancien colonel, M. Lepreux, et mon ancien capitaine Merle, qui attendaient leur décoration. Ils m'embrassèrent en passant.

Quand je fus sorti du Dôme, je ne pouvais plus

avancer, tant j'étais pressé par la foule qui voulait voir ma croix ; les dames et les messieurs m'embrassaient. J'ai vu le moment où j'allais servir de patène. En passant sur le pont de la Révolution, je trouvai mon ancien régiment qui formait la haie. On me reconnut, les compliments plurent de tous côtés. Enfin, pressé, bousculé, je parvins à gagner le jardin des Tuileries et ma caserne. A la porte d'entrée, le factionnaire porte les armes ; je me retourne pour voir s'il n'y avait pas d'officier près de moi. J'étais tout seul ! Je m'approche et lui dis :

« C'est donc pour moi que vous présentez les armes ?

— Oui, me répondit-il, nous avons reçu la consigne de porter les armes à tous les légionnaires. »

Je lui pris la main, je la serrai fortement et je l'invitai à déjeuner avec moi, lorsqu'il aurait descendu sa garde.

Mon lieutenant ne tarda pas à rentrer aussi. Il m'avait vu décorer le premier des légionnaires au Dôme des Invalides ; il vint à moi et me dit obligeamment :

« Vous ne me quitterez pas de la soirée, je m'empare de vous. »

Il m'emmena promener dans le jardin des Tuileries voir les illuminations, et de là prendre le café au Palais-Royal. Nous rentrâmes chez Borel, dans une espèce de caveau, où est maintenant, je crois, le café des Aveugles. Le maître de l'établissement s'approcha de nous et nous dit que nous pouvions demander tout ce que nous voudrions, que les membres de la Légion d'honneur étaient traités gratis. Les messieurs qui étaient là, entendant M. Borel, nous entourèrent bien vite. Le punch fut allumé, les curieux allaient toujours grossissant, nous fûmes fêtés par tout le monde ; j'en étais véritablement confus. Quelle belle soirée pour moi !

Le lendemain, tous les décorés de la Garde allèrent en voiture pour faire visite à M. Lacépède, qui était grand chancelier. Mon lieutenant me présenta à lui comme le premier légionnaire. Il m'embrassa et me fit signer sur le grand livre, en me tenant la main et en la dirigeant, car je ne savais pas écrire ! J'allai voir aussi le général Hulin, à qui, l'on se rappelle, j'avais été recommandé, il me reçut avec affabilité et me fit cadeau d'une pièce de ruban de la Légion d'honneur.

Les visites d'apparat terminées, je songeai aux personnes que je pouvais connaître dans Paris. J'allai, entre autres, chez M. Lepreux, le frère de mon ancien colonel, qui était marchand près de la porte Saint-Denis, et là je fis amplette de nankin pour compléter mon habillement d'été.

Rien de plus beau que cet habillement. Quand nous étions sous les armes, en grande tenue, nous portions l'habit bleu à revers blancs, échancré sur le bas de la poitrine ; la veste de basin blanc, la culotte et les guêtres de basin blanc ; la boucle d'argent aux souliers et à la culotte ; la cravate double, blanche dessous et noire dessus, laissant apercevoir un petit liséré blanc vers le haut.

En petite tenue, nous avions le frac bleu, la veste de

basin blanc, la culotte de nankin et les bas de coton blanc uni. Ajoutez à cela les ailes de pigeon poudrées et la queue longue de six pouces, avec le bout coupé en brosse et retenu par un ruban de laine noire, flottant de deux pouces, ni plus ni moins. Ajoutez encore le bonnet à poil avec son grand plumet ; vous aurez la tenue d'été de la Garde impériale.

Mais ce dont rien ne peut donner une idée, c'est l'extrême propreté à laquelle nous étions assujettis. Quand nous dépassions la grille du casernement, les plantons nous inspectaient, et, s'il y avait une apparence de poussière sur nos souliers ou un grain de poudre sur le collet de notre habit, on nous faisait rentrer. Nous étions magnifiques, mais abominablement gênés.

Vers le même temps, je résolus d'aller chez M. Champromain, marchand de bois de Druyes, établi près le jardin des Plantes ; je le connaissais et je fréquentais un peu sa maison. C'est là que je rencontrai, pour la première fois, le jeune Larabit, qui faisait alors ses études, et que je trouvai plus tard, dans la campagne de Russie, capitaine du génie, attaché à l'état-major de l'Empereur.

Pour aller chez ce M. Champromain, je suivis la rue Saint-Honoré, et, arrivant près du Palais-Royal, avant de déboucher sur la place, je fus accosté par un superbe homme qui me demanda à voir ma croix. Il me pria ensuite d'accepter une demi-tasse : je refusai ; il insista : je finis par me laisser tenter et par le suivre au café de la Régence. Arrivé dans ce beau café, il demande deux demi-tasses, et, pendant qu'on les sert, je m'occupe à regarder la dame de comptoir. Elle était fort belle ; j'avais vingt-sept ans : je la brûlais des yeux.

« Votre café va refroidir, me dit le monsieur, prenez-le donc. »

Et, aussitôt, il se lève, prétextant des occupations pressantes, paie la consommation et sort. Quand j'eus fini ma tasse et que je me levai à mon tour, il avait disparu. Mais à peine eus-je franchi le seuil du café que je tombai sur le pavé. Tout mon corps se tortillait, j'étais en double : j'avais des coliques épouvantables. On vint à mon secours ; les maîtres du café, je crois, me firent porter à notre hôpital du Gros-Caillou, et, de suite, je fus traité vigoureusement.

M. Suze, premier médecin de l'hôpital, excellent homme, mais borgne et très grêlé, déclara que j'étais empoisonné. Jour et nuit on me frictionna, puis on m'appliqua des ventouses ; je finis par être exténué ; on aurait aperçu une chandelle au travers de mon corps.

L'Empereur fut instruit de la position dans laquelle je me trouvais ; il ordonna de mettre près de moi deux médecins pour me soigner et me garder, et, tous les matins, un officier de service venait savoir de mes nouvelles. Le grand chancelier donna aussi l'ordre de laisser entrer près de moi tous ceux qui demanderaient à me voir, même sans permission.

Mais ce qui me consolait le mieux de toutes mes souffrances, c'était d'apercevoir ma croix appendue au mur au-dessus de mon lit.

Au bout de quarante jours, comme j'étais encore dans un état fort menaçant, il y eut une consultation de médecins, à laquelle fut appelé le baron Larrey. Ils discutèrent entre eux. Puis M. Larrey demanda un baquet de glace et de la limonade : il me fit boire dans un grand gobelet d'argent, et tout le monde attendit le résultat de la potion. Je ne vomis pas ; alors on m'en administra un second verre : il passa comme le premier.

— Messieurs, dit le baron Larrey, j'ai sauvé le haut, sauvez le bas. »

Aussitôt la délibération recommença, puis les remèdes allèrent bon train. Sans entrer ici dans des détails délicats, je puis dire qu'ils produisirent leur effet. Je rendis des matières pleines de vert-de-gris : on les emporta et on les analysa soigneusement.

A partir de ce jour, ma convalescence commença ; les soins des médecins et des infirmiers m'avaient arraché à la vengeance dont je faillis être victime. C'était l'époque des conspirations, contre Bonaparte, des Pichegru, des Cadoudal et autres. Sans doute quelqu'un de leur bande, ne pouvant atteindre le grand homme, s'était rejeté sur l'un de ses fidèles soldats.

Je restai fort longtemps à l'hôpital, car je me rappelle que j'y étais encore lors de la distribution des Aigles, au Champ-de-Mars (5 décembre 1804) ; on me mit à une fenêtre, sur un fauteuil, pour voir défiler les troupes qui se rendaient à la cérémonie. J'étais traité comme un prince ; le chocolat, le poisson, le vin de Malaga, tout m'était prodigué ; des mains bienfaisantes m'envoyaient, de l'extérieur, des pots de confiture et autres douceurs semblables.

Enfin, M. Morin, qui avait des propriétés superbes près de Druyes, ayant su que j'étais à l'hôpital, vint me voir et m'offrit son château pour me rétablir complètement.

J'obtins, par l'intermédiaire de M. Suze, un congé de trois mois.

« Soyez prudent, me dit-il ; soignez-vous bien, surtout n'habitez pas avec une femme d'ici à plus d'un an, car vous pourriez tomber à la poitrine. » Les recommandations faites, il me donna un billet de sortie ; d'un autre côté, mon capitaine obtint que, pendant mon congé, je jouirais de ma paie entière, et que je pusse me rendre à Auxerre, en voiture ou dans le coche, aux frais du Gouvernement.

Mon congé fini, je me mis en route, et je passai par Beauvoir pour emmener mon frère. Dès que nous fûmes arrivés à Paris, je le plaçai chez un marchand de vin. Je me rendis ensuite à la caserne. Mes camarades me souhaitèrent la bienvenue ; je touchai ma solde entière de grenadier, trois mois de mon traitement de légionnaire : ce qui, en tout, me donna deux cents francs et remonta mes finances.

A cette époque, le beau camp de Boulogne était en pleine activité. Depuis un an environ, une armée considérable s'y trouvait réunie, pendant que nous autres, de la Garde, nous faisions la belle jambe à Paris. Mais notre tour arriva.

« Faites vos sacs, dirent nos officiers, faites vos

adieux à tout le monde, vous partez tous, il ne reste que les vétérans. »

En effet, l'ordre vint de nous rendre immédiatement à Boulogne.

On nous établit près du port d'Ambleteuse, dans un beau camp que nous trouvâmes tout fait ; nous étions là avec je ne sais quelle portion de l'armée, et nous avions au-dessus de nous les douze mille grenadiers Oudinot, qui faisaient partie de la réserve.

Nous fûmes embrigadés pour faire, chacun notre tour, le service sur la flottille qui était embossée à quelque distance des côtes. Il y avait là des péniches, des bateaux plats, des prames, des chaloupes canonnières, des corvettes, des frégates, des vaisseaux de ligne : le tout divisé par section et commandé par un bon amiral, qui était monté sur une belle frégate au milieu de nous. On nous apprit à manœuvrer les bateaux plats et à donner le coup d'aviron en cadence, puis à servir les pièces de canon, à monter à l'abordage, à manier le grapin, les crocs, les haches. Nous étions tour à tour marins, canonniers, soldats.

La nuit, on entendait crier d'un bout de la ligne à l'autre, de quart d'heure en quart d'heure : bon quart partout ! Au matin, le porte-voix du vaisseau amiral demandait le rapport de la nuit.

« Qu'est-ce qu'il y a de nouveau à votre bord ? »

Une fois, notre bâtiment, interpellé de la sorte, répondit :

— On vous fait savoir qu'il y a deux grenadiers qui se sont foutus à l'eau.

— Sont-ils noyés ?

— Oui.

— A la bonne heure ! »

Il paraît qu'en langage de marine ces derniers mots signifient seulement : j'ai entendu, j'ai compris. Du reste, il n'était pas vrai que les deux grenadiers tombés à l'eau se fussent noyés : on les avait repêchés à temps.

Je restai quelques jours sur une corvette, en compagnie de cent autres grenadiers, sans compter les marins. Nous avions dix pièces de gros calibre à ma nœuvrer. Le capitaine était un vieux marin couvert de blessures ; il avait la figure martelée de coups de sabre.

Nous couchions dans des hamacs, et quand mon tour venait de dormir :

« Allons, disais-je, d'une voix dolente, vieux soldat, te voilà dans ton hamac, repose-toi. »

Le maître cambusier m'entendit et voulut me connaître :

« Où est-il donc, dit-il, ce vieux soldat ?

— Me voilà.

— Eh bien, je vais vous mettre dans une bonne place. »

Il descendit mon hamac près des caisses de biscuit, leva la douve d'un tonneau avec son ciseau :

« Tenez, ajouta-t-il, mangez du biscuit, et demain je vous donnerai du bouzarou. »

Le bouzarou, c'était la petite mesure d'eau-de-vie. Il tint sa promesse, et je n'eus pas à me repentir de sa bienveillance à mon égard.

Bientôt des signaux annoncèrent l'arrivée de la flotte hollandaise. Alors toute la nôtre se disposa à marcher au-devant d'elle. Nous allâmes jusqu'à la pointe de Gris-Nez : c'était là que les Anglais portaient tous leurs efforts pour empêcher notre jonction, parce que leurs vaisseaux pouvaient, en cet endroit, s'avancer jusqu'aux pieds des dunes, vu la profondeur de l'eau. Ils espéraient empêcher la flotte hollandaise de passer cette pointe ; mais l'Empereur, ayant tout prévu, avait fait établir des batteries sur les falaises. On voyait d'en bas fumer les forges dans lesquelles rougissaient les boulets.

Quand les Hollandais arrivèrent, ce fut une bataille épouvantable. L'artillerie du rivage, passant par-dessus nos têtes, foudroyait la flotte ennemie. Nos petits bateaux lui faisaient d'énormes dégâts : tous les coups portaient, tandis que les leurs passaient par-dessus nos péniches et nos bateaux plats. Il fallait voir tous ces petits carlins attaquer les gros dogues sans relâche et sans peur ! Les Anglais furent obligés de s'éloigner au large, et la flotte hollandaise qui, de son côté, faisait bravement son devoir, finit par nous rejoindre.

Une fois réunis, l'amiral nous lâcha tous sur l'ennemi. Ma corvette marcha en avant ; j'étais servant de droite d'une pièce de canon, et je me trouvais à côté de la petite table où est le livre des signaux. Quand nous fûmes à portée des vaisseaux anglais, j'entendis celui qui tenait ce livre et qui avait toujours les yeux braqués sur le vaisseau amiral, dire au capitaine : Signal d'abordage ! Le capitaine, qui était un vieil

enragé, ne se le fit pas répéter deux fois ; il cria dans
son porte-voix : Tout le monde au poste d'abordage !
Immédiatement les matelots se précipitèrent à la place
qui leur était indiquée d'avance. On vit paraître à tous
les points du vaisseau les harpons, les crocs, les haches,
les espingoles. On apporta aussi, sur le pont, du vin
et de l'eau-de-vie. Moi, je me rapprochai de la pièce
que je servais.

Le capitaine commanda : *Vent dessus !* Nous avan-
çâmes rapidement vers la ligne anglaise. Mais, au
moment où nous allions virer de bord pour attaquer le
vaisseau que nous avions en face, une frégate française
passa à côté de nous avec un bruit épouvantable et avec
la rapidité de l'éclair. Elle nous devança, vira de
bord, et se mit entre nous et le vaisseau anglais. En
même temps l'homme aux signaux cria : *Rentrez à la
réserve !* Le capitaine, furieux, exaspéré, fut obligé
de revenir sur ses pas, et de nous emmener derrière la
flotte, où nous assistâmes paisiblement au reste de la
bataille.

Vers la même époque, l'Empereur arriva de Paris
et nous passa tous en revue au bord de la mer. C'était
un spectacle incomparable. Jamais les Anglais
n'avaient vu, et peut-être ils ne verront jamais, tant
d'hommes réunis vomir sur leur Manche une telle
quantité de feux. Cinquante pièces de canon tonnaient
à la fois. Le rivage en tremblait.

Mais tout cela ne les déconcertait pas. Un jour
j'étais sur la grève, au-dessus de notre camp d'Ambleteuse ; je vis, à quelque distance en mer, paraître un

vaisseau anglais. L'insolent venait droit à la côte :
pourtant je ne pensais à songer qu'il pût faire feu, et
je le regardais paisiblement. Pas du tout ; il lâcha
bordées sur bordées, et comme nos baraques étaient
sur les dunes, à cent cinquante pas environ de la mer,
les boulets arrivaient jusqu'à elles. Heureusement
nous avions là des canons et des obusiers : la réponse
ne se fit pas attendre ; et moi, qui m'étais sauvé du
rivage en grande hâte, j'arrivai juste à temps pour
assister à la manœuvre. Le grand homme était présent.
Un sergent des grenadiers de la Garde lui demanda la
permission de pointer, assurant qu'il coulerait le
vaisseau anglais du premier ou du second coup.

L'Empereur consentit :

« Mets-toi à l'œuvre, dit-il ; voyons ton adresse. »
Le sergent ajusta un mortier et la bombe passa par-
dessus le vaisseau.

« Tu as manqué ton coup, s'écria le Petit Caporal.

— Eh bien, voyons celui-ci », reprit le grenadier.

Il ajusta de nouveau, et la bombe s'enfonça au beau
milieu du vaisseau, qu'elle partagea pour ainsi dire
en deux. Ce ne fut chez nous qu'un cri de joie. L'Empereur, enchanté, demanda au sergent comment il se
nommait :

« Despiennes, répondit-il.

— Eh bien ! Despiennes, je te fais lieutenant dans
mon artillerie. »

De leur côté, les Anglais tiraient à poudre pour
appeler à leur secours. Le feu s'emparait de leur
vaisseau. Nous descendons ; on met à la mer toutes les

barques disponibles, et nos ennemis sont trop heureux de s'y précipiter pour gagner le rivage, car bientôt leur vaisseau s'enfonce et disparaît dans les flots. L'Empereur ne voulut pas garder ces prisonniers : il dit qu'ils n'étaient pas de bonne prise et les renvoya chez eux.

Étant au camp d'Ambleteuse, je reçus la visite de mon ancien camarade de lit, en compagnie duquel j'avais fait mes débuts dans la Garde. J'ai déjà dit qu'il était le plus grand de tous les grenadiers ; du reste charmant garçon, doux, enjoué, un peu goguenard. Je ne puis me rappeler son nom, je me souviens seulement qu'il était fils d'un aubergiste des environs de Meudon. Il avait quitté la Garde à la suite d'une aventure singulière. Un jour que nous étions de service aux Tuileries, il fut placé de garde à la porte même du Premier Consul, à l'entrée de sa chambre. Figurez-vous un homme de six pieds quatre pouces surmonté d'un bonnet à poil de dix-huit pouces de haut et d'un plumet dépassant le bonnet à poil d'au moins un pied. Il m'appelait « son nabot » et, quand il étendait le bras horizontalement, je passais dessous sans y toucher. Or, le Premier Consul était encore plus petit que moi, et je pense qu'il fut obligé de lever singulièrement la tête pour apercevoir la figure de mon camarade. Après l'avoir examiné un moment, il vit qu'en outre il était parfaitement taillé :

« Veux-tu être tambour-major ? lui dit-il.

— Oui, Consul.

— Eh bien, va chercher ton officier. »

A ces mots, le grenadier dépose son fusil et s'élance, puis il s'arrête et veut reprendre son arme, disant qu'un bon soldat ne doit jamais la quitter.

« N'aie pas peur, réplique le Consul ; je vais la garder et t'attendre. »

Une minute après, mon camarade arrive au poste. L'officier, surpris de le voir, lui demande brusquement ce qui est arrivé.

« Parbleu, répond-il avec son air goguenard, j'en ai assez de monter la garde ; j'ai mis quelqu'un en faction à ma place.

— Qui donc ?

— Bah !... le Petit Caporal.

— Ah çà ! pas de mauvaise plaisanterie.

— Je ne plaisante pas ; il faut bien qu'il monte la garde à son tour... D'ailleurs, venez-y voir... il vous demande, et je suis ici pour vous chercher. »

L'officier passa de l'étonnement à la terreur, car Bonaparte ne mandait guère les officiers près de lui que pour leur donner *une culotte*. Le nôtre sortit l'oreille basse et suivit son nouveau guide. Ils trouvèrent le Premier Consul se promenant dans le vestibule, à côté du fusil.

« Monsieur, dit-il à l'officier, ce soldat a-t-il une bonne conduite ?

— Oui, Général.

— Vous en êtes content sous tous les rapports ?

— Oui, Général.

— Eh bien, je le nomme tambour-major dans le régiment de mon frère. Je lui ferai trois francs par jour sur ma cassette et le régiment lui en fera autant. Ordonnez qu'on le relève de faction et qu'il parte dès demain. »

Ainsi dit, ainsi fait. Mon camarade prit aussitôt possession de ses fonctions nouvelles, et, quand il vint nous voir à Ambleteuse, il avait un uniforme prodigieux tout couvert de galons, aussi riche que celui du tambour-major de la Garde. Il obtint pour moi la permission de quitter le camp, m'emmena à Boulogne et me paya à dîner. Le soir, je le quittai pour rejoindre Ambleteuse. J'étais seul ; je rencontrai en route deux grenadiers de la ligne qui voulurent m'arrêter. A ce moment les soldats de la Garde étaient exposés à de fréquentes attaques. Il y avait, au camp de Boulogne, ce que nous appelions *la compagnie de la lune :* c'étaient des brigands et des jaloux qui profitaient de la nuit pour dévaliser ceux d'entre nous qu'ils surprenaient isolés, pour leur piller leur montre et leurs boucles d'argent, et pour les jeter à la mer. On fut obligé de nous défendre de revenir la nuit au camp sans être plusieurs de compagnie. Pour moi, je me tirai d'affaire en payant d'audace. J'avais mon sabre et sept ans de salle. Je dégainai et je défiai mes adversaires. Ils crurent prudent de me laisser passer mon chemin ; mais si j'avais faibli, j'étais perdu, et le dîner de mon tambour-major m'aurait coûté terriblement cher.

Les préparatifs de descente continuaient toujours. Les vivres étaient déjà transportés dans les vaisseaux. Les chevaux et l'artillerie étaient embarqués. On fixait

même le jour où toute la flotte devait mettre à la voile :
c'était, je me le rappelle, un vendredi soir. Mais la
veille, à dix heures de la nuit, l'ordre arriva de nous
faire débarquer, et immédiatement on nous conduisit
au Pont-de-Brique pour déposer nos couvertures. Puis,
sac au dos, et en avant !

Partout, c'était des cris de joie ! La vie de marin
commençait à nous peser. Nous préférions nous battre
sur la terre ferme, où nous sentions que nous n'avions
pas de maîtres ; et nous savions, d'ailleurs, que nous
marchions à de nouveaux combats.

CHAPITRE III

La Garde barbotte. — Les bonnes grillades.
Vingt-cinq mille bonnets à poil, et des gaillards.
Les musiques pendant la bataille d'Austerlitz.
C'était à entraîner un paralytique ! — Iéna.
Voilà les Prussiens qui toussent !

La joie que nous éprouvions de quitter Boulogne fut bientôt calmée. On nous fit faire des marches dont rien ne peut donner l'idée. Nous étions jour et nuit sur pied. Il fallait, dans les rangs, se tenir les uns les autres pour ne pas tomber de fatigue et de sommeil. Quelques-uns se jetaient dans les fossés, et il était impossible de les en tirer. Les coups de plat de sabre n'y réussissaient pas. En vain la musique jouait, en vain les tambours battaient la charge : nous n'avions plus le courage d'avancer. Quand nous fûmes arrivés sur les hauteurs de Saverne, d'où l'on aperçoit le beau clocher de Strasbourg, l'espoir de nous reposer prochainement nous anima un peu. Néanmoins, on fut obligé de mettre des voitures en réquisition pour ramasser les traînards.

A Strasbourg, l'Empereur nous passa en revue ; de là nous fûmes dirigés à grandes journées vers Stuttgard, puis sur Ulm. Nous arrivâmes, un matin, sur les rives du Danube. Il pleuvait à verse. On nous installa dans un pré. A cinq ou six cents pas de nous se trouvait un pont que le maréchal Ney avait fait rétablir le matin. Il s'en était servi pour jeter son corps d'armée sur la rive opposée et attaquer le village d'Elchingen ; on entendait dans cette direction une canonnade épouvantable.

Il y avait à côté de nous, sur notre gauche, des dragons qui barbottaient dans la boue. On vint les chercher. Ils passèrent le Danube et s'élancèrent à leur tour sur les coteaux d'Elchingen. On nous laissa tranquillement dans notre pré. La pluie continuait de tomber à torrents. Nous avions de l'eau jusqu'à mi-jambes. Il fallait voir la Garde, riant et sautant au milieu de cette inondation ! J'avais sur mon sac la marmite de mon ordinaire ; elle n'était pas renversée et toute la pluie s'y accumulait. Quand je la sentais pleine, je me penchais de côté et je la vidais dans les jambes de mes camarades ; c'était l'occasion de nouveaux rires.

Pendant une portion de la journée, le pont disparut sous les eaux qui avaient cru presque subitement. Mais, vers le soir, on commença à revoir les planches qui, par bonheur, n'avaient pas été entraînées. A quatre ou cinq heures nous passâmes le Danube, et gravissant l'énorme montagne sur laquelle est situé le village d'Elchingen, nous nous installâmes autour du couvent qui servait de quartier général à l'Empereur. Ce pauvre village avait été le théâtre d'une lutte acharnée.

Tous les habitants étaient partis : chaque maison avait été enlevée d'assaut. Les Autrichiens s'étaient battus en déterminés, et n'avaient cédé qu'à la fougue irrésistible du maréchal Ney.

Nous n'avions pas pris part à cette bataille. Mais, en revanche, nous étions trempés jusqu'aux os. Pour nous sécher, nous fîmes des feux gigantesques, si bien qu'une jolie petite maison bourgeoise en fut incendiée. Malgré nos efforts, il ne fut pas possible de réparer le mal et de la sauver.

Quand l'Empereur l'apprit, il se mit dans une grande colère :

« Vous la paierez, nous dit-il ; je vais donner 600 francs, et vous donnerez chacun un jour de votre paie. Je veux que la somme soit versée de suite au propriétaire. »

Les officiers faisaient la grimace, mais il fallut s'exécuter, et le propriétaire reçut bien plus qu'il n'avait perdu par notre fait. Nous restâmes à Elchingen jusqu'à la reddition d'Ulm, et nous n'en sortîmes que pour voir les troupes du général Mack défiler devant nous.

L'Empereur était placé sur une petite montagne en pain de sucre qui dominait toute la vallée. Il était entouré de sa Garde et protégé par cinquante pièces de canon braquées dans la direction d'Ulm. Je fus mis de faction à quelque distance de lui ; je l'entendais parler au général Hulin, commandant des grenadiers à pied de la Garde. Il avait fait allumer un bon feu, et, tout en causant, il se chauffait par derrière, si bien qu'il brûla sa capote grise.

Tout à coup, on vit sortir de la ville l'armée autrichienne qui s'était rendue. Elle s'avançait en bon ordre jusqu'en face de l'Empereur. Arrivés à ce point, les soldats qui avaient passé leurs gibernes et leurs sabres par-dessus leur sac, s'en débarrassaient et jetaient leurs fusils en un tas. Je ne sais pas au juste le nombre de ceux qui déposèrent ainsi les armes, mais le défilé semblait ne devoir jamais finir. On ne peut avoir l'idée d'un pareil spectacle. Le général Mack s'avança près de l'Empereur pour lui remettre son épée : c'était un petit homme avec un ventre énorme. Napoléon refusa de le désarmer et lui laissa son épée, ainsi qu'à ses officiers ; il s'entretint même longtemps avec eux.

Le soir, nous fîmes notre entrée dans Ulm, aux acclamations de tout le peuple, et l'Empereur nous adressa cette belle proclamation qui finit par ces mots : Mes soldats sont mes enfants.

De là nous partîmes pour Augsbourg, puis pour Schœnbrünn, puis nous entrâmes dans Vienne et, après maints détours, nous nous dirigeâmes sur la Moravie. Nous étions harassés de fatigue. L'Empereur, disions-nous, ne gagne plus de batailles avec nos bras, mais avec nos jambes.

A Brünn, nous eûmes le temps de nous reposer. Le gros de l'armée était du côté d'Austerlitz, et, tous les jours, l'Empereur allait voir les lignes. Il revenait content ; les prises de tabac marchaient bon train ; il se promenait les mains derrière le dos et parlait à tout son monde. Bientôt il nous donna l'ordre de partir et

de nous porter en avant. Nous nous arrêtâmes en face
le plateau de Pratzen, et nous y campâmes. Devant
nous se trouvait un ruisseau tout gelé ; à côté, les grenadiers d'Oudinot, et, derrière, la cavalerie.

Le 1ᵉʳ décembre 1805, Napoléon vint nous visiter
avec tous ses maréchaux. Il passa devant notre front
de bandière ; nous étions en train de manger du coti-
gnac, dont nous avions trouvé d'énormes pots dans
les villages voisins. Nous en faisions de grandes tar-
tines. L'Empereur se mit à rire en nous voyant.

« Ah ! dit-il, vous mangez des confitures ! C'est
bien, ne bougez pas. Mais il faut mettre des pierres
neuves à vos fusils. Demain matin vous en aurez
besoin : tenez-vous prêts. »

Au même moment passaient quelques grenadiers à
cheval, qui poursuivaient une douzaine de cochons,
qui fuyaient devant eux. Dès que nous aperçûmes ce
gibier, nous mîmes le sabre à la main pour lui barrer
le passage, et nous manœuvrâmes si bien que tous
les cochons furent pris.

L'Empereur s'arrêta pour assister à ce spectacle
d'un nouveau genre. Il riait aux éclats ! Puis, après la
victoire, il distribua le butin. Nous eûmes six cochons,
et les autres furent donnés aux grenadiers à cheval.
Grâce à ce partage, nous pûmes nous régaler d'excellentes grillades.

Le soir, l'Empereur sortit encore de sa tente, et
monta à cheval pour parcourir les avant-postes. Pour
éclairer sa marche, quelques grenadiers à cheval de
son escorte portaient des torches allumées : ce fut le

signal d'une illumination générale. Chacun prit, aux baraques, une poignée de paille dans chaque main et l'alluma. On vit bientôt briller, sur tout le front de notre armée, d'innombrables lumières. Quand l'Empereur passait, il était reçu par des acclamations frénétiques, la musique résonnait, les tambours battaient aux champs.

Du haut de la montagne, les Russes pouvaient entendre tous nos bruits et voir cet incroyable spectacle. Ils pouvaient calculer le nombre et deviner l'enthousiasme de cette armée, qui se préparait à leur souhaiter le bonjour, dès le lendemain matin.

Dans la nuit, on nous lut la fameuse proclamation où le plan de la bataille était indiqué d'avance, et où les résultats de la victoire nous étaient déjà signalés.

Le 2 décembre, bien avant le jour, l'Empereur se rendit une dernière fois aux avant-postes pour s'assurer des positions de l'armée russe. Il revint se placer sur une petite montagne située au-dessus de l'endroit où il avait passé la nuit, mais toujours en face des plateaux de Pratzen. Il nous fit mettre en bataille derrière son état-major, donna ses ordres à tous ses maréchaux, les envoya chacun à son poste et commanda d'engager l'action.

Nous attendîmes assez longtemps dans une immobilité complète. D'abord le brouillard nous empêchait de distinguer ce qui se passait. Mais bientôt un soleil radieux éclaira la campagne. Jamais peut-être, à pareille époque de l'année, il ne brilla d'un éclat aussi vif. Nous vîmes que les pentes du plateau de Pratzen

avaient été déjà enlevées par les troupes de ligne.
L'Empereur nous fit avancer pour appuyer ce mouvement.

Nous étions là vingt-cinq mille bonnets à poil (la
Garde et les grenadiers réunis d'Oudinot), et des gaillards, qui avaient soif de gloire autant que leur grand
capitaine. Qu'on se figure l'aspect d'une pareille
colonne s'ébranlant tout à coup, et l'Empereur au
milieu !

Après avoir traversé les bas-fonds et les ruisseaux
qui occupaient le fond de la vallée, nous nous élan-
çâmes sur le revers opposé, marchant en zigzag et
appuyant tantôt à droite, tantôt à gauche. La ligne,
voyant derrière elle cette formidable réserve, se battait avec la plus grande confiance, et aussi nous
n'eûmes pas besoin de tirer un seul coup de fusil pour
la soutenir.

Nous montions tranquillement, au son des tambours
et de la musique. Napoléon avait voulu faire honneur
aux empereurs, qui commandaient l'armée ennemie.
Contrairement à l'habitude, il avait ordonné que les
musiciens restassent à leur poste au centre de chaque
bataillon. Les nôtres étaient au grand complet, avec
leur chef en tête, un vieux troupier d'au moins soixante
ans. Ils jouaient une chanson bien connue de nous :

> On va leur percer le flanc,
> Ran, ran, ran, ran tan plan tire lire.
> On va leur percer le flanc,
> Que nous allons rire !
> Ran tan plan tire lire,
> Que nous allons rire !

Pendant cet air, en guise d'accompagnement, les tambours, dirigés par M. Sénot, leur major, un homme accompli, battaient la charge à rompre les caisses ; et les tambours et la musique se mêlaient. C'était à entraîner un paralytique !

Arrivés sur le sommet du plateau, nous n'étions plus séparés des ennemis que par les débris des corps qui se battaient devant nous depuis le matin. Précisément, nous avions en face la garde impériale russe. L'empereur nous fit arrêter, et lança d'abord les mamelucks et les grenadiers à cheval. Les premiers étaient de merveilleux cavaliers ; ils faisaient de leurs chevaux ce qu'ils voulaient. Avec leurs sabres recourbés, ils enlevaient une tête d'un seul coup, et avec leurs étriers tranchants ils coupaient les reins d'un soldat. L'un d'eux revint à trois reprises différentes apporter à l'Empereur un étendard russe ; à la troisième fois, l'Empereur voulut le retenir, mais il s'élança de nouveau et ne revint plus. Il resta sur le champ de bataille.

Les chasseurs ne valaient pas moins que les mamelucks. Cependant ils avaient affaire à trop forte partie. La garde impériale russe était composée d'hommes gigantesques et qui se battaient en déterminés. Notre cavalerie finit par être ramenée.

Alors l'Empereur lâcha les chevaux noirs, c'est-à-dire les grenadiers à cheval. commandés par le maréchal Bessières. Ils passèrent à côté de nous comme l'éclair et fondirent sur l'ennemi. Pendant un quart d'heure ce fut une mêlée incroyable. Et ce quart d'heure nous parut un siècle. Nous ne pouvions rien distinguer dans la fumée et la poussière. Nous avions peur de voir nos camarades sabrés à leur tour. La garde et les grenadiers d'Oudinot étaient là pour frapper le dernier coup.

Mais la fumée et la poussière ne tardèrent pas à disparaître. De la garde impériale russe, on ne voyait plus rien. Les uns étaient couchés sur le champ de bataille, les autres avaient disparu je ne sais par quelle issue et nos cavaliers revinrent triomphants se placer derrière l'Empereur.

Nous continuâmes d'avancer, en tournant à droite, jusque sur le revers du plateau qui s'abaisse vers les étangs. De là nous aperçûmes notre aile droite qui se battait depuis le matin dans les bas-fonds, et en face d'elle toute l'aile gauche de l'armée russe.

L'Empereur descendit de ce côté avec les grenadiers d'Oudinot et presque toute sa Garde, notamment l'artillerie. Alors les Russes se trouvèrent acculés à des montagnes inaccessibles, formant une espèce de rond-point, et dominées par un clocher que nous apercevions dans le lointain. Ils n'avaient pour s'échapper que les étangs et la chaussée qui les sépare. Or, cette chaussée était encombrée de chariots et de caissons : Ils furent obligés de se précipiter sur la glace des étangs. Malheureusement pour eux, les boulets et les obus brisèrent bientôt cette glace et ils prirent un horrible bain.

Notre premier régiment de grenadiers à pied était resté sur les hauteurs de Pratzen, rangé derrière des murs de pierres qui se prolongent sur presque toute la crête. Nous étions là aux premières loges regardant, à nos pieds, la défaite de l'armée russe et battant des mains de toutes nos forces.

Au milieu de ces circonstances solennelles, nous trouvâmes moyen de rire comme des enfants. Un lièvre, qui se sauvait tout affolé de peur, arriva droit à nous. Mon capitaine Renard, l'apercevant, s'élance pour le sabrer au passage ; mais le lièvre fait un crochet. Mon capitaine persiste à le poursuivre, et le pauvre animal n'a que le temps de se réfugier, comme un lapin, dans un trou au milieu des murs dont j'ai parlé précédemment. Nous, qui assistions à cette chasse, nous criions tous à qui mieux mieux :

« Le renard n'attrapera pas le lièvre ! le renard n'attrapera pas le lièvre ! »

Et, en effet, il ne put l'attraper ; aussi on se moqua de lui, et on rit d'autant plus fort que le capitaine était le plus excellent homme, estimé et chéri de tous ses soldats.

Cependant la bataille était finie ; il était à peine deux heures. La soirée se passa à la poursuite de fuyards, à prendre les canons, les équipages et à ramener des prisonniers. Il fallut aussi recueillir les blessés. Chaque corps fournit des hommes pour cette pénible corvée. Vers la nuit, l'Empereur fut conduit en triomphe à son quartier général.

Nous allâmes chercher, dans les villages voisins, du bois, de la paille et tout ce qui était nécessaire pour bivouaquer. Je descendis le revers de la montagne qui

fait face aux étangs. Nos maraudeurs avaient découvert
là de nombreuses ruches, et, pour pouvoir s'emparer
du miel, ils avaient mis le feu à un immense hangard ;
cet incendie facilita notre besogne à tous.

Ne trouvant pas de vivres et ne voulant pas revenir
les mains vides, j'avisai un grand tonneau en bois de
sapin. J'entrai dans une maison, je pris un lit de plume
et le fourrai dans mon tonneau. Mes camarades me
chargèrent sur les épaules cet étrange butin. Quand
il fallut remonter les pentes abruptes qui me séparaient
du bivouac, et le sentier tortueux qui y conduisait,
j'eus des peines énormes. Mon tonneau vacillait et
roulait sur mon dos, menaçant de m'entraîner avec
lui.

Ensuite, je redescendis chercher de la paille. M'en
étant procuré, je la plaçai dans la partie concave et
inférieure de mon tonneau et le lit de plume par-dessus. Mon capitaine Renard, qui avait deviné mon
intention, me demanda une place dans ma cabane
improvisée. Nous nous glissâmes tous les deux sur
le lit de plume, la tête la première et les pieds en
dehors, exposés au feu du bivouac. La nuit, ainsi, fut
délicieuse :

« Jamais je n'oublierai, me dit mon capitaine, que
je vous dois ce bonheur. »

Et, en effet, il me prouva souvent qu'il n'était pas
ingrat.

Le lendemain, nous partîmes pour Austerlitz. C'était
un pauvre village, dont les maisons étaient toutes
couvertes de chaume, avec un antique château dans

lequel l'Empereur s'était installé. Nous trouvâmes six cents moutons dans les écuries de ce vieux manoir. La distribution en fut faite à la Garde. Les vivres commencèrent à nous arriver.

La paix ne tarda pas non plus, et dès que Napoléon se fut entendu avec l'empereur d'Autriche, on revint à Vienne, puis à Schœnbrünn. C'est là, dans ce beau palais impérial, que nous devions nous reposer de nos fatigues, jusqu'au jour où l'ordre vint de regagner la France. L'armée restait dans le pays conquis, mais la Garde était plus heureuse : elle rentrait dans ses foyers. Quelle joie pour nous ! Les étapes ne ressemblaient guère à celles que l'on nous avait imposées quelques mois auparavant ; nous marchions à petite journée. Nous trouvions partout notre nourriture prête, bon gîte et bonne table. En Bavière, nous fûmes cordialement accueillis et, bientôt, traversant le Rhin, nous arrivâmes à Strasbourg ; nous revîmes notre patrie.

En passant dans cette ville, à l'ouverture de la campagne, j'avais laissé mes effets chez l'habitant qui m'avait logé. J'allai droit chez lui ; je trouvai tout dans un état parfait. Mes hôtes me tâtaient avec curiosité, en me demandant si je n'étais pas blessé. Ces braves gens m'accablaient de caresses.

« Nous avions bien peur pour vous, disait la demoiselle de la maison. Tout votre linge est bien blanc et vos boucles d'argent sont brillantes ; je les ai fait nettoyer par un orfèvre.

— Merci, Mademoiselle ; j'ai voulu m'acquitter

envers vous. Je vous rapporte de Vienne un beau châle, que je vous prie d'accepter. »

Le beau châle me venait du château impérial de Schœnbrünn. J'y avais passé quelque temps en sauvegarde et j'avais servi de protecteur à une famille d'intendant, qui habitait le château. La dame me demanda si j'étais marié ; à toute occurrence, je répondis que oui, et elle voulut faire un cadeau à mon épouse en récompense de ma bonne conduite. Elle me donna précisément le châle que j'offrais à ma jeune dépositaire.

Notre route de Strasbourg à Paris fut parsemée de nombreux incidents. Les habitants d'Ay nous prodiguèrent leur fameux vin ; il en résulta dans nos rangs un désordre complet. Nos ivrognes roulaient dans les fossés.

Il fallut s'arrêter trois heures, dans une grande plaine, pour laisser aux traînards le soin de rejoindre leur compagnie, et les propriétaires d'Ay furent obligés d'en ramasser un grand nombre pour nous les ramener.

A Meaux, en Brie, nous fûmes encore bien reçus. Quand on rompit les rangs, je m'acheminai vers mon gîte. J'étais seul ; ne sachant pas lire je présentais à chaque pas mon billet de logement. Arrivé dans la rue basse qui conduit à la route de Paris, je m'adressai à un gros monsieur, qui s'écria :

« Vous êtes logé chez une dame bien riche, mais c'est une vieille avare, qui vous enverra à l'auberge. »

Et du doigt il m'indiqua une maison au bas de

laquelle s'ouvrait une boutique de serrurier. Celui-ci me donna les mêmes renseignements sur mon hôtesse.

« Soyez tranquille, lui répondis-je ; j'espère convenir à cette dame. Dans une heure, venez me voir : je serai installé chez elle. »

Je monte sans bruit au premier étage. Je salue la vieille dame : elle me déclare qu'elle ne loge pas les militaires.

« Je le sais, lui dis-je, mais je suis bien fatigué. Permettez-moi de me reposer un peu. Si Madame voulait avoir la bonté de me procurer une bouteille de vin. Voilà quinze sous, je partirai après l'avoir bue. »

Elle prend mes quinze sous, et sort un instant pour aller elle-même chercher la bouteille. Vite je mets habit bas, je m'entoure la tête d'un mouchoir, je me fourre dans son lit, et je me mets à trembler de toutes mes forces.

La dame revient. En me voyant installé dans sa couche, elle pousse les hauts cris, et va chercher les locataires. Ceux-ci avaient le mot. Ils s'approchent, prétendent que je suis malade, que j'ai un frisson épouvantable, qu'il faut me faire chauffer du vin sucré, mettre le pot-au-feu, me donner un bouillon, et me bien couvrir. Les malins s'amusèrent aux dépens de l'avare et firent tant que, bon gré, mal gré, elle finit par céder à leurs exhortations. J'en profitai largement, et tout le monde fut enchanté de la farce que je lui avais jouée.

Nous rentrâmes à Paris par la porte Saint-Denis ;

là nous attendait un immense concours de population, et l'on nous avait élevé un arc de triomphe. Aux Champs-Élysées nous trouvâmes des tentes et des tables servies de viandes de toutes sortes, avec de bons vins cachetés. Mais le malheur voulut que la pluie tombât par torrents. Les plats se remplissaient d'eau, nous ne pouvions manger. On ne prenait même pas le temps de déboucher les bouteilles : on faisait sauter le goulot, et l'on buvait à la hâte. C'était pitié de nous voir, tous trempés comme des canards.

Cette fois je ne revis pas ma vieille caserne des Feuillants. Elle avait été, je crois, démolie et les terrains vendus. Voici comment on nous distribua : un bataillon devait s'installer dans la caserne du quai d'Orsay, pour faire le service des Tuileries : les trois autres séjournaient à Courbevoie, et faisaient le service de Saint-Cloud, quand l'Empereur s'y trouvait. Chaque bataillon à son tour se rendait à Paris, nous y restions un mois chacun. Les chasseurs étaient disposés d'une manière analogue ; un de leurs bataillons résidait à l'École Militaire, et les autres à Rueil.

L'Empereur nous fit tous habiller à neuf et nous passa plusieurs fois en revue. La bonne ville de Paris, voulant sans doute nous dédommager des malheurs de notre arrivée, nous donna un festin sous les galeries de la place Royale. Rien n'y manquait, et le soir nous eûmes comédie gratis à la porte Saint-Martin. On y représentait le passage du mont Saint-Bernard. Nous vîmes les bons moines descendre la montagne avec leurs gros chiens à côté d'eux. Je

croyais être encore en 1800, à traîner ma pièce de
canon ; je tapais des pieds et des mains. Mes camarades me disaient :

« Vous êtes donc fou, ce soir !

— Non, leur répondais-je, mais je les ai vus au
Saint-Bernard, ces beaux chiens et ces bons capucins,
tels que je les revois aujourd'hui ! Ce sont pour moi
de vieilles et chères connaissances. »

L'appel ne se fit qu'à deux heures du matin : toutes
les petites peccadilles furent pardonnées.

Vers ce temps, les petits princes, nos alliés, venaient
faire leur cour à Napoléon.

Il les régalait de belles revues, et nous étions obligés de monter la garde chez eux, ainsi que chez les
grands dignitaires français. Ordinairement ils nous
donnaient trois francs par garde ; quelques-uns
étaient moins généreux.

Cambacérès entre autres ne donnait qu'une demi-
bouteille de vin au factionnaire placé à l'entrée de ses
appartements, et pas autre chose ; aussi nous faisions
la grimace quand notre tour venait d'aller chez lui,
et nous nous vengions en nous racontant les histoires
scandaleuses, qui circulaient alors à son propos ; et
il y en avait pour tous les goûts, et de très divertis-
santes, mais terriblement difficiles à reproduire ici.

C'était là des dit-on de l'époque, dont je ne garantis
nullement la vérité.

Nous étions surchargés de service : dix heures par
jour ! et une nuit sur trois ! quelquefois vingt-quatre
heures de planton sans se déshabiller, et de grandes

revues dans la plaine des Sablons ou aux Tuileries. On voit que, pour nous, les fatigues de la guerre ne cessaient pas complètement pendant la paix. D'ailleurs, la paix ne devait pas durer longtemps : l'Empereur rassemblait de tous côtés de l'artillerie et du matériel.

Aux revues, il se faisait ouvrir les caissons et les fourgons, montant sur les roues pour s'assurer que rien n'y manquait.

Ils inspectait jusqu'à la pharmacie, et aux pelles ou pioches des soldats du génie. Les chefs tremblaient à le voir, car il les menait durement, s'il trouvait quelque négligence.

C'était l'homme le plus rigoureux, mais à la fois le meilleur et le plus chéri de tous.

On nous avait dit d'abord que nous partions pour assister à un congrès où devaient se trouver le roi de Prusse et l'empereur de Russie. Puis, arrivés sur la frontière, on nous lut à l'ordre du jour que la guerre était déclarée à la Prusse et à la Russie. Les Russes voulaient donc prendre un second bain à la glace ! et les Prussiens nous montrer leur belle capitale de Berlin !

Nous partîmes dans les premiers jours de septembre 1806, pour aller à Wurtzbourg, où l'Empereur nous attendait. C'est de là que les divers corps d'armée furent dirigés sur Iéna. Nous y arrivâmes le 12 octobre, à 10 heures du soir, après une marche forcée. Nous traversâmes la ville au milieu du silence et de l'obscurité la plus profonde ; pas une lumière ne nous éclairait, tous les habitants avaient déguerpi. Au delà d'Iéna s'élève une montagne aussi abrupte que le toit d'une maison. Il fallut la grimper, et une fois arrivés sur le plateau, nous mettre aussitôt en bataille. Personne ne se voyait dans les ténèbres : nous étions obligés de nous placer à tâtons, et nous gardions le silence le plus absolu. L'ennemi était près de nous.

Quelques instants après, l'Empereur nous fit former en carré et vint s'installer au milieu de la Garde. Notre artillerie était arrivée au pied de la terrible montagne, et ne pouvait la gravir. Il fallut élargir le chemin et couper les roches. L'Empereur se rendit sur les lieux, dirigea lui-même les travaux du génie, et ne s'en alla qu'après avoir vu passer devant lui la première pièce de canon, attelée de douze chevaux. A chaque voyage on montait quatre pièces, et on les mettait de suite en batterie devant notre front de bandière. Puis on retournait avec les mêmes chevaux, au pied de la montagne, en atteler quatre autres ; une partie de la nuit fut employée à ce pénible travail.

L'Empereur nous permit de faire deux ou trois feux par compagnie, et autorisa une vingtaine d'hommes aussi par compagnie, à se détacher pour aller chercher des vivres. Le voyage n'était pas long. Nous aurions pu jeter une pierre du haut de notre campement dans la ville d'Iéna. Toutes les maisons étaient désertes, nous ne craignions aucune résistance. Nous trouvâmes tout ce dont nous avions besoin, mais surtout du vin et du sucre. Des officiers nous accompagnaient pour maintenir le bon ordre.

Au bout de trois quarts d'heure, nous revenions sur nos pas, chargés de sucre, de vin et de chaudières. Toute la nuit nous bûmes du vin chaud à la santé du roi de Prusse. Nous en portâmes à nos braves artilleurs, qui étaient morts de fatigue ; et leurs officiers furent invités à trinquer avec les nôtres. Nos moustaches à tous furent bien arrosées ; mais quelle punition pour nous de ne pouvoir ni parler, ni chanter ! Les ordres à cet égard étaient fort sévères : nous avions bien garde de les enfreindre. Et l'Empereur qui nous voyait si sages était rempli de joie !

Dès avant le jour, il monta à cheval pour visiter son monde. L'obscurité était si profonde qu'il fut obligé de se faire éclairer ; et les Prussiens, voyant cette lumière se promener sur le front de leur ligne, firent feu sur Napoléon. Il continua sa route sans plus s'inquiéter, jeta partout le coup d'œil du maître, rentra à son quartier général, et donna l'ordre de prendre les armes.

C'était le 14 octobre au matin. Il faisait encore nuit, quand les Prussiens nous souhaitèrent le bonjour à coups de canon. Les boulets passèrent au-dessus de nos têtes. Un vieux soldat d'Égypte, en les entendant, s'écria :

« Voilà les Prussiens qui toussent : il faut leur envoyer de notre vin sucré. »

Toute l'armée se porta en avant sans y voir. Nous marchions comme des aveugles, nous heurtant les uns contre les autres. Au bruit des mouvements ennemis, on reconnut qu'il fallait faire halte et commencer l'at-

taque. Le maréchal Lannes se fit entendre le premier, vers notre gauche, et ce fut le signal pour toute la ligne. On ne se voyait toujours qu'à la lueur de la fusillade. Après la nuit, vint un brouillard qui nous gênait beaucoup. Néanmoins, nos colonnes avançaient toujours et gagnaient du terrain. L'Empereur fut même obligé de modérer notre fougue et de nous arrêter. La foudre grondait de toutes parts.

Vers les dix heures du matin, un soleil magnifique, le beau soleil d'Austerlitz, illumina tout le champ de bataille. Nous étions alors sur un large plateau : et nous pûmes apercevoir dans le lointain, en face de nous, un superbe carrosse attelé de chevaux blancs, fuyant au triple galop : c'était, nous dit-on, la reine de Prusse qui se sauvait.

Napoléon, voyant les progrès de son armée, suspendit l'attaque pendant une heure. Les feux s'éteignirent peu à peu. La bataille semblait comme finie. Tout à coup, avant que l'Empereur eût donné le signal de reprendre les hostilités, nous entendîmes vers notre gauche une fusillade épouvantable. L'Empereur dépêcha un officier pour savoir ce qui se passait. Il était en grande colère, prenait force tabac, et piétinait devant nos rangs. L'officier revint au galop et lui dit :

« Sire, c'est le maréchal Ney, qui, à la tête de ses grenadiers et de ses voltigeurs, est aux prises avec une énorme masse de cavalerie. »

Aussitôt l'ordre fut donné de marcher en avant. L'Empereur voulut, par lui-même, juger de ce qui était arrivé, et quand il l'eut vu de ses yeux, il ne grogna plus.

De tous côtés nous recevions des renforts ; le prince Murat survint à la tête de ses dragons et de ses cuirassiers. Les chevaux semblaient éreintés, ils tendaient la langue. Mais l'Empereur ne leur laissa pas de répit.

« Prince, s'écria-t-il, poursuivez votre charge à outrance ! »

Notre magnifique cavalerie partit à ces mots, culbuta tout devant elle, et ramena une division tout entière de Saxons. C'était pitié de les voir. La moitié de ces malheureux étaient couverts de sang qui ruisselait sur leurs habits. L'Empereur les passa en revue, et leur donna le choix de servir avec nous comme alliés ou de rester nos prisonniers :

« Je ne fais pas la guerre à votre roi », leur dit-il.

Nous les traitâmes en amis. Leurs blessures furent bien soignées. Et ils burent tout le reste de notre vin cacheté. La victoire était depuis longtemps décidée ; sûr de ce côté, l'Empereur partit pour s'assurer de ce qui s'était passé sur notre droite. On avait entendu le canon retentir dans le lointain : c'était une seconde victoire gagnée par Davout à Auerstaedt.

Nous passâmes la nuit dans Iéna, et dès le lendemain nous commençâmes une série de marches, qui ne s'arrêta qu'aux portes de Berlin. Nous fîmes notre entrée dans cette ville par la porte de Brandebourg et la magnifique rue *Sous les tilleuls*. L'Empereur s'y présenta à la tête de 20.000 grenadiers. L'armée était en grande tenue, aussi brillante qu'aux Tuileries, et lui dans son modeste costume, avec son petit chapeau et sa cocarde d'un sol ! Quel spectacle pour ceux qui purent y assister ! La population de Berlin était toute aux croisées et son admiration ne saurait se comparer qu'à celle des Parisiens, lors de notre retour d'Austerlitz.

Nous fûmes logés chez les habitants et nourris à leurs frais. On leur avait imposé l'obligation de nous donner à chacun une bouteille de vin par jour. C'était une terrible chose, car le vin, dans ce pays, coûtait alors trois francs la bouteille. Ne pouvant s'en procurer, ils nous donnèrent de la bière en cruchon. Nous n'étions pas très satisfaits du changement, mais nos officiers nous prièrent de ne pas réclamer et de ne pas contrarier nos hôtes, d'autant que la bière était excellente et que le vin eût été très mauvais.

La paix et la bonne harmonie régnaient partout. On s'était arrangé pour gêner le moins possible les habitants. La discipline était aussi très sévère ; c'était le comte Hulin qui était gouverneur de la ville.

Un jour, l'Empereur nous passa en revue sur une grande place qui est au devant du palais royal. Un autre jour, nous apprîmes que Magdebourg s'était rendu et qu'on en rapportait cinquante drapeaux pris à l'ennemi. Quelle joie pour des affamés de gloire ! Les puissances ennemies ne faisaient plus de fanfaronnades, elles ne parlaient plus de venir nous battre dans les plaines de la Champagne. Après avoir réglé ses comptes avec les autorités de la ville de Berlin,

l'Empereur nous donna ordre de quitter la ville et
d'aller rejoindre la Grande Armée qui se portait vers
la Pologne. Jamais nos jours de repos ne durèrent
bien longtemps.

Nous arrivâmes à Posen pendant que les autres
corps marchaient sur Varsovie. Les Russes, à qui nous
avions maintenant affaire, nous avaient abandonné
ces deux villes. Mais ils s'étaient montrés peu généreux pour les vivres et ils avaient ravagé tout le pays,
ne laissant que ce qu'ils ne pouvaient pas emporter.

L'Empereur n'était pas content. A Posen, je le vis
tellement préoccupé et tellement en colère que, voulant monter à cheval, il s'élança trop fort et, passant
par-dessus, tomba de l'autre côté. Il donna un coup
de cravache à son écuyer, qui pourtant n'était pas
responsable de cet accident, se remit en selle et partit
au galop.

Nous entrâmes dans Varsovie en compagnie des
grenadiers Oudinot. Les habitants nous reçurent le
mieux qu'il leur fut possible, eu égard aux pillages et
aux dévastations que l'armée russe avait fait subir au
pays. Il fallut que l'Empereur achetât bien loin des
bœufs et des grains pour nourrir son armée. On accu-
mula aussi des quantités considérables de biscuit. Ce
furent les juifs qui furent chargés de cet approvision-
nement. Ils gagnèrent des sommes considérables,
mais en même temps ils sauvèrent l'armée.

Déjà le maréchal Davout et le maréchal Ney
avaient pris position au delà de la Vistule. Ce dernier
faisait des prodiges de valeur du côté de Thorn, et,

s'étant emparé de nombreuses barques, il nous les envoya pour construire des ponts. De là, grande joie de l'Empereur. Nous passions de fréquentes revues. A celle qui précéda notre départ, nous vîmes arriver devant nous un brillant équipage. Un petit homme en descendit pour se présenter à Napoléon ; c'était le doyen de la Pologne : il avait cent dix-sept ans. L'Empereur voulut lui offrir l'appui de son bras.

« Sire, répondit-il, je vous remercie. »

Il marchait comme un homme de soixante ans à peine.

Cependant l'hiver commençait à sévir. La Vistule était complètement gelée. Quand l'Empereur vit les choses au point où il les désirait, il nous fit faire une distribution de biscuit pour quatorze jours, et l'ordre du départ fut donné. Je n'eus que le temps de m'acheter une livre de jambon, comme ressource pour l'avenir ; encore me coûta-t-elle 20 francs. On peut juger par là de la cherté des vivres.

Nous partîmes dans la direction de Pultusk, ne prévoyant pas encore toutes les douleurs qui nous attendaient. Pendant deux jours, la gelée continuant nous rendit la marche facile. Nous traversions des pays déserts, sablonneux et couverts de bois. Personne dans les villages : tous les habitants s'étaient enfuis. Les Russes eux-mêmes se retiraient devant nous ; çà et là, nous trouvions les restes des bivouacs qu'ils avaient abandonnés.

Au bout de deux jours, le froid diminua, il y eut un commencement de dégel, et ce changement de température devint aussitôt la cause de nombreux embarras. Nous n'avions pas de route devant nous. C'était à travers monts et vallées que nous nous dirigions. Nous fûmes obligés de traverser un énorme marais dont les eaux étaient à peu près dégelées. La tâche était rude, comment l'accomplir ? Nous avisâmes une énorme palissade qui s'élevait au milieu des eaux et sur toute la largeur. Elle était faite de branches entrelacées, et soutenues de distance en distance par des pieux énormes. Nous en profitâmes avec joie et voici com·ment. Nous nous servions des branches étendues horizontalement pour appuyer le bout de nos pieds, et tournés dans le sens de la palissade, nous avancions en nous accrochant de temps en temps aux pieux. De cette façon, il fut possible de traverser le marais à pied sec, mais un par un avec grand'peine et une extrême lenteur.

Un peu plus loin, un ruisseau, qui, je crois, descendait vers le marais, vint encore nous barrer le chemin. Heureusement, la plupart des nôtres finirent par le franchir à l'aide de sauts vigoureux. Un pauvre grenadier laissa, durant le passage, échapper son fusil. Il ne voulut pas l'abandonner et fut obligé d'entrer dans l'eau glacée pour chercher à tâtons son arme fidèle, que les eaux avaient entraînées un peu plus loin. Qu'on juge de l'état où il devait se trouver !

Un soir, à la nuit fermée, nous rencontrâmes un bivouac abandonné par les Russes. La paille en était hachée et menue comme des balles d'avoine, mais ce gîte valait mieux encore que la terre humide et glacée.

Nous déposâmes nos sacs sous des noisetiers. En appuyant le mien, je sens une légère éminence, je détourne la paille, je tâte et je découvre deux pains de munition russes qu'on appelait des briques, à cause de leur forme plate et carrée. Je me mets à genoux sans rien dire, j'ouvre mon sac et j'y fourre un des pains. Je coupe l'autre en morceaux et je me prépare à en dévorer une bonne portion. La nuit était telle que personne ne me voyait. Cependant mon capitaine Renard vint à s'approcher, et m'apercevant dans la posture singulière où je m'étais mis, il me demanda ce que je faisais. Je lui glissai un morceau de pain dans la main, et lui recommandant le silence, je le suppliai de veiller sur mon sac, pendant que j'irais à la maraude.

Je partis avec quatre hommes de mon ordinaire. A peine avions-nous fait quelques pas que nous découvrîmes un château, dont personne ne soupçonnait la proximité. Il ne renfermait, bien entendu, pas de vivres, mais les dépendances étaient garnies de bois sec, et sur une espèce d'esplanade qui se trouvait au-devant, il y avait un canon braqué. Nous avertîmes bientôt nos camarades, chacun se chargea de bûches, et, comme si elles ne suffisaient pas pour nous chauffer, nous démontâmes la pièce de canon. Les morceaux de l'affût brisé et les roues tout entières furent jetés dans notre feu. Je vois encore les flammes s'emparant d'abord des moyeux qui étaient pleins de graisse et enveloppant peu à peu cette énorme masse de bois. Toute la nuit nous eûmes un feu d'empereur.

Le lendemain, on tenta de gagner quelque route conduisant à Pultusk. Mais voilà que la neige et la pluie tombèrent en abondance extrême. Cette fois ce fut un dégel complet. Le sable pliait sous nos pas. L'eau montait à la surface et nous enfoncions jusqu'aux genoux. Il fallut attacher nos souliers avec des cordes pour ne pas s'exposer à les perdre, encore arrivait-il que les cordes se détachaient ou se rompaient subitement. La boue devint telle que chacun était obligé de prendre sa jambe de derrière à deux mains pour l'arracher et la rejeter en avant. On ne marchait plus, on se traînait, et pendant deux jours nous restâmes dans cette affreuse position.

Malgré qu'il n'y eût là que de vieux soldats aguerris, le découragement ne tarda pas à se mettre dans les rangs. Quelques-uns, égarés par la souffrance, se suicidèrent sous nos yeux. D'autres périrent de fatigue et de froid. Nous en perdîmes à peu près soixante durant le trajet.

Quand nous arrivâmes à Pultusk, et que l'Empereur vit notre désolation, il entra dans une violente fureur et s'écria, à plusieurs reprises :

« Vous n'êtes tous que des *grognards !* »

Le nom nous en est resté. Bien souvent depuis, on s'en est servi pour désigner les vieux débris de la Garde impériale. Ce sont les boues de la Pologne qui nous l'ont valu. Pultusk était alors un misérable village, composé de cabanes mal couvertes de paille. L'Empereur y habitait une maisonnette qui ne valait pas mille francs. Mais tout cela nous parut magni-

fique. Nous croyions y trouver le terme de nos fatigues, la fin de nos épouvantables misères.

Il était impossible de nous loger dans le village
qui se trouvait déjà encombré de monde, nous campâmes à l'entrée. Les premiers arrivés allèrent chercher de la paille pour établir notre bivouac et étendre
sous nos pieds. De paille, il n'y en avait plus. On
fut obligé de piller quelques granges et de prendre
des gerbes de blé ; elles étaient du reste indispensables
pour nous protéger contre l'humidité et nous empêcher d'enfoncer dans la boue.

Je pris une grande part à ce pillage et je fis bien
des voyages, du bivouac aux granges que nous dévas-
tions. Dans l'un d'eux, je rapportai une auge en bois
que les grenadiers à cheval avaient rebutée. Mes camarades, qui étaient des colosses auprès de moi, tremblaient de me voir plier sous cet énorme fardeau,
mais rien ne m'arrêtait. J'arrivai sain et sauf au
milieu du campement et l'auge disparut dans les
flammes de notre feu ; j'eus encore la force de fureter
çà et là, si bien que je trouvai des œufs dans un tas
de gerbes et que je finis par me procurer un pot pour
les faire cuire. Dieu m'avait favorisé sous le rapport
de la constitution, j'avais les jambes d'un cheval
arabe, et l'adversité n'abattait pas mon courage. Aussi,
je pus souffrir de rudes épreuves et des angoisses que
nul mot ne saurait exprimer.

Le colonel Frédéric, voyant briller mon feu entre
tous, s'approcha de ma baraque. Il aperçut mon petit
pot et mes deux œufs.

« Puis-je compter sur un ? s'écria-t-il.

— Oui, répondis-je. »

Et je partageai ma trouvaille avec ce brave officier ; il me donna en échange un napoléon et me contraignit de l'accepter. Bien d'autres auraient été trop heureux de s'en procurer à pareil prix ! A peine finissions-nous notre mince repas que nous voyons arriver un énorme cochon. Il était poursuivi par les grenadiers à cheval, établis dans le village même de Pultusk. L'animal effrayé venait droit à notre bivouac. Je m'élance à sa rencontre. Le colonel Frédéric, qui parlait gras, me criait d'une façon comique :

« Coupez-lui le *jarret !* coupez-lui le *jarret !* »

Et moi, suivant son conseil, j'abattis le cochon et lui passai mon sabre dans le corps. Les grenadiers survinrent. Le colonel s'approcha. Il fut décidé que, pour ma peine, j'aurais un quartier de la victime et les deux rognons. On procéda immédiatement au partage. Mais comment faire cuire ma portion ? Il me fallait un grand pot et du sel. J'allai au quartier de l'Empereur, où précisément mon lieutenant se trouvait de service, et je lui demandai ce dont j'avais besoin de la part du colonel Frédéric. Il voulut savoir pourquoi j'avais besoin de ces objets. Je lui racontai l'histoire.

« Malheureux, s'écria-t-il, c'est le cochon de la maison que vous avez tué ! L'Empereur va être furieux, on lui a déjà volé son pot-au-feu. Heureusement que ses cantines viennent d'arriver. Il a fini par en rire. Mais il ne faudrait pas en abuser, car il a le ventre creux comme vous autres.

— Mon lieutenant, répondis-je, ne dites rien, donnez-moi ce que je vous demande et dans une heure je vous rapporte une grillade. »

Ainsi dit, ainsi fait ; je tins scrupuleusement ma promesse. Le colonel Frédéric et mon cher capitaine Renard eurent chacun un rognon. Tout fut partagé en famille.

Vers le soir, on apprit que les grenadiers à cheval avaient été à la maraude, sur l'ordre de l'Empereur, et qu'ils avaient rapporté des pommes de terre. La distribution nous en fut faite ; nous en eûmes vingt par ordinaire de dix-huit hommes. On peut juger par là de notre pénurie. Après deux jours de repos, l'Empereur fit appeler le comte Dorsenne et lui dit :

« Tu vas partir avec ma Garde à pied et rentrer à Varsovie. Mais il ne faut pas suivre le même chemin, tu perdrais tous mes vieux grognards. Voilà la carte, cherche ta route et fais-moi ton rapport sur ce qui adviendra. »

Nous partîmes dès le lendemain. Autant que possible nous allions d'un bois à l'autre ; car, dans le bois, marchant sur la mousse, on n'enfonçait guère. Malheureusement il fallait parfois en sortir, et dès que nous entrions dans les terres, nous enfoncions d'une façon déplorable. C'était comme un mortier.

Nous fûmes obligés de traverser un pré et là nos souffrances furent bien plus grandes encore. Nous avions les jambes plongées dans l'eau. Je ne sais pourquoi cette eau paraissait beaucoup plus froide que la boue des terres labourables. L'impression en était si douloureuse que nous poussions des cris ; si le trajet eût duré plus d'un quart d'heure nous y aurions succombé.

Après des peines inouïes, nous parvînmes à trois lieues environ de Varsovie. Nos yeux étaient caves, nos joues amaigries ; la fatigue avait accablé les plus courageux. Nous avions l'air de morts qui sortiraient de leurs tombeaux. Le général Dorsenne nous rassembla autour de lui et nous fit une allocution. Il nous déclara que l'Empereur était fort mécontent de nous voir aussi peu fermes dans l'adversité, aussi abattus par des épreuves que lui-même avait supportées comme tous les autres. Ces paroles ranimèrent nos esprits et nous les accueillîmes par des cris enthousiastes.

J'avais encore dans mon sac un pauvre petit morceau de biscuit que j'avais conservé comme une dernière ressource contre la faim. Me voyant au terme de mes fatigues, je me décidai à le manger. Bientôt nous entrâmes à Varsovie ; c'était, je crois, le 1ᵉʳ janvier 1807. Les habitants nous reçurent à bras ouverts, ils ne savaient comment nous témoigner leur affection et leur joie. Les soins les plus tendres nous furent prodigués par eux : nous en avions besoin. La petite campagne que nous venions de faire nous avait vieillis de dix ans et pourtant elle n'avait duré que quatorze jours !

CHAPITRE IV

La barbe au bivouac. — Le canon nous réveille.
Le carnage d'Eylau. — Héroïsme du tambour-major.
Les merveilleuses cachettes.
La belle reine de Prusse.
Banquet offert par la Vieille Garde
à la Garde impériale russe. — Caporal !

Après quelque temps de séjour à Varsovie, l'ordre vint d'en sortir de nouveau et de marcher en avant. On nous cantonna dans de mauvais villages que les habitants avaient abandonnés, emportant avec eux denrées et bestiaux. La faim ne tarda pas à se faire sentir parmi nous ; nos misères allaient recommencer.

Un jour, je partis avec douze hommes de mon ordinaire pour fouiller les forêts qui s'étendaient à une lieue de notre gîte et que nous supposions servir de refuge aux habitants ; nous étions bien armés et prêts à tout ; il y avait un pied de neige sur le sol. Après quelques recherches, nous trouvâmes dans les bois la trace récente de pas : nous la suivîmes avec de grandes précautions, et elle nous conduisit à un camp de paysans polonais établi sur le revers d'une petite montagne. Ils ne nous attendaient guère : leurs marmites étaient sur le feu. Saisis d'étonnement et d'effroi, ils n'osèrent se défendre. Nous enlevâmes leurs chevaux, leurs vaches, leurs moutons, leur farine, et nous les forçâmes d'amener tout cela au village ; nous y arrivâmes avec deux cents bêtes au moins ; c'était une superbe capture.

Nos officiers décidèrent que nous partagerions avec les paysans. On ne prit que la moitié de leur farine, de leurs bœufs, et de leurs moutons, on leur laissa même tous leurs chevaux, sauf quatre qui nous servirent pour la correspondance ; mais on exigea que quatre des habitants restassent près de nous pour nous guider au besoin.

Avec la farine capturée nous fîmes immédiatement du pain. Il y avait si longtemps que nous n'en avions mangé, que la plupart le dévorèrent au sortir du four. Cette imprudence coûta la vie à deux de nos camarades qui furent littéralement étouffés, et que les soins les plus empressés ne purent arracher à la mort. Nous trouvâmes dans la maison que nous habitions des pommes de terre enfoncées sous le carrelage d'une chambre.

Les paysans polonais avaient caché tout ce qu'ils avaient pu, avant de déserter leur village ; nous n'avons pas eu à nous louer d'eux ; ils nous auraient laissé mourir de faim sous leurs yeux. Quelle différence avec les Allemands !... Ces derniers ne quittent jamais leur maison, et rien n'égale leur humanité. J'ai vu, dans les guerres d'Allemagne, un maître de poste tué par des balles françaises. Sa maison servait d'ambulance, et sa femme, à côté de son lit de mort, cherchait du linge pour nos blessés, en pleurant et en répétant :

« C'est la volonté de Dieu ! »

Ce trait n'est-il pas sublime ?

Le 30 janvier, nous quittâmes nos cantonnements. Le général Dorsenne avait reçu de Napoléon l'ordre d'arriver près de lui en toute hâte. Nous le rejoignîmes dans les premiers jours de février. On avait dit d'abord que les Russes se sauvaient du côté de Kœnigsberg pour s'embarquer, mais la nouvelle était fausse ; ils nous attendaient tranquillement dans une forte position en avant d'Eylau. Notre armée les en délogea à grand'peine et les rejeta de l'autre côté du village. Quant à la Garde, elle suivait de près le mouvement de l'armée sans y prendre aucune part. Ce n'était que le prélude de la bataille gigantesque à laquelle nous allions assister.

Le 7 février, l'Empereur nous fit camper (la Garde seulement) sur une montagne, en face d'Eylau, à droite de la grande route ; cette montagne forme une espèce de pain de sucre à pentes très rapides ; elle avait été prise, la veille ou l'avant-veille, par nos troupes, car nous trouvâmes une masse de cadavres russes étendus çà et là dans la neige et quelques mourants faisant signe qu'ils voulaient être achevés. Nous fûmes obligés de déblayer le terrain pour établir notre bivouac.

On traîna les corps morts sur le revers de la montagne et l'on porta les blessés dans une maison isolée située tout au bas. Malheureusement, la nuit vint, et quelques soldats eurent si froid, qu'ils s'imaginèrent de démolir la maison pour avoir le bois et se chauffer. Les pauvres blessés furent victimes de cet acte de frénésie ; ils succombèrent sous les décombres.

L'Empereur nous fit allumer son feu au milieu de nos bataillons ; il nous demanda une bûche par chaque ordinaire. On s'en était procuré en enlevant les palissades qui servent, l'été, à parquer les bestiaux. Il nous demanda aussi des bottes de paille pour s'asseoir et quelques pommes de terre ; nous lui en portâmes une vingtaine qu'il fit cuire lui-même dans le feu, les remuant par intervalles avec le bout d'un bâton, et les partageant avec son état-major.

De notre bivouac, je voyais parfaitement l'Empereur, et il voyait de même tous nos mouvements. A la lueur des bûches de sapin, je faisais la barbe à mes camarades, à ceux qui en avaient le plus besoin. Ils s'asseyaient sur la croupe d'un cheval mort qui était resté là et que la gelée avait rendu plus dur qu'une pierre. J'avais dans mon sac une serviette que je leur passais sous le cou ; j'avais aussi du savon que je délayais avec de la neige fondue au feu. Je les débarbouillais avec la main, et je leur faisais l'opération. Du haut de ses bottes de paille, l'Empereur assistait à ce singulier spectacle, et riait aux éclats. J'en rasai, dans ma nuit, au moins une vingtaine.

Le 8 février, les Russes nous souhaitèrent le bon-jour de grand matin, et nous saluèrent d'une affreuse canonnade. En un instant, tout le monde fut sur pied ; l'Empereur monta à cheval et nous porta en avant sur un lac gelé, à un quart de lieue environ de la montagne où nous avions bivouaqué ; il réunit là toute sa Garde : infanterie, artillerie et cavalerie.

Ce lac se trouvait à droite d'Eylau (par rapport à nous et au mouvement que nous venions de faire) ; il n'en est séparé que par une chaussée ; mais le village s'étend plus loin que le lac. Le terrain monte, et les maisons, suivant la pente du terrain, s'élèvent peu à peu jusqu'à l'église, qui se trouve à l'extrémité et comme isolée sur la hauteur.

De l'autre côté du lac et d'Eylau apparaissent de petits monticules, et, au-dessus, un immense plateau sur lequel se livrait la grande bataille. Nous étions à la droite de l'armée française, et l'engagement le plus sérieux avait lieu sur notre gauche. De même, l'artillerie russe n'était pas en face de nous ; elle était placée sur je ne sais quel point du plateau beaucoup plus à gauche que l'église. Nous ne profitions guère de cette disposition, car les Russes avaient une formidable artillerie ; on disait même qu'ils avaient amené de Kœnigsberg vingt-deux pièces de siège. Quoi qu'il en soit, leurs batteries faisant feu de notre côté, les obus incendiaient les maisons du village, les boulets passaient au-dessus ou au travers, et tout venait tomber comme grêle sur le lac où nous nous trouvions.

C'était, dans nos rangs, un épouvantable ravage. Bien que nous eussions les pieds sur la glace ou dans la neige, nous ne songions guère au froid ; il semble même que cette température si rigoureuse excitait notre courage. Mais quelle position affreuse ! rester, pendant deux heures, immobiles, attendant la mort sans pouvoir se défendre, sans pouvoir se distraire. De tous côtés les hommes tombaient, et des files entières disparaissaient.

Au milieu de ce désastre, je pourrais citer de nombreux traits d'héroïsme ; en voici deux qui sont encore présents à ma mémoire : M. Sénot, notre tambour-major, était derrière nous à la tête de ses tambours. On vint lui dire que son fils était tué. C'était un jeune homme de seize ans. Il n'appartenait encore à aucun régiment, mais, par faveur et par égard pour la position de son père, on lui avait permis de servir comme volontaire parmi les grenadiers de la Garde.

« Tant pis pour lui ! s'écria M. Sénot ; je lui avais dit qu'il était encore trop jeune pour me suivre. »

Et il continua à donner l'exemple d'une fermeté inébranlable. Heureusement, la nouvelle était fausse : le jeune homme avait disparu dans une file de soldats renversés par un boulet, et il n'avait aucun mal. Je l'ai revu, depuis, capitaine adjudant-major dans la Garde.

Au même instant, notre fourrier eut la jambe emportée ; il coupa tranquillement un lambeau de chair qui restait pendant et nous dit, sans sourciller :

« J'ai laissé trois paires de bottes à Courbevoie, j'en ai pour longtemps maintenant ! »

Puis il ramassa, sur le champ de bataille, deux fusils en guise de béquilles, et s'en alla tout seul à l'ambulance.

Les boulets et les obus finirent par défoncer la glace, notamment dans la portion du lac qui est la plus rapprochée d'Eylau. Un grand nombre des chasseurs à cheval disparut dans ce gouffre. L'Empereur se décida à nous faire faire un mouvement. Il nous porta en avant sur la hauteur, notre gauche appuyée à l'église. Lui-même s'installa près de nous, avec son état-major, observant l'ennemi et donnant ses ordres.

Il eut la témérité de se porter encore plus à gauche, vers le cimetière, où se livrait un combat épouvantable. Là tombèrent une multitude énorme de Français et de Russes ; ces derniers surtout furent horriblement maltraités. Les baïonnettes de nos soldats étaient teintes de leur sang, et nous restâmes maîtres de la position.

Les boulets continuaient de ravager nos rangs, bien que nous fussions un peu protégés par l'église. Un, entre autres, coupa le bâton de notre aigle, et passant entre les jambes du sergent-major qui le tenait, fit deux trous à sa capote, par devant et par derrière, sans le blesser aucunement.

Mais tout cela n'était rien au prix des désastres que l'armée éprouvait sur d'autres points. A la droite, presque en face de nous, le 14ᵉ de ligne fut taillé en pièces. Les Russes pénétrèrent dans le carré formé par ce régiment, et ne firent pas un prisonnier; ils sabrèrent jusqu'au dernier homme. Le 43° perdit aussi la moitié de son monde. On conçoit quel déficit ces pertes affreuses laissèrent dans notre ligne. Les Russes s'avancèrent jusque vers nous : l'Empereur lui-même était en péril. Nous poussâmes des cris frénétiques :

« En avant ! vive l'Empereur ! en avant ! en avant ! »

Napoléon se décida à engager le deuxième régiment[1] des grenadiers à pied et un régiment de chasseurs de sa Garde, sous la conduite du général Dorsenne. Ils se précipitèrent sur la Garde impériale russe, à la baïonnette, sans tirer un seul coup de fusil. Ils en firent une horrible litière.

En même temps, l'Empereur lança deux escadrons de grenadiers et deux escadrons de chasseurs à cheval (de la Garde). La charge fut tellement impétueuse que les grenadiers traversèrent complètement les lignes de l'armée russe, et allèrent se reformer derrière elle pour percer une seconde fois et revenir à nous. Ils perdirent quelques hommes qui furent démontés, faits prisonniers et conduits à Kœnigsberg ; mais le gros des escadrons arriva près de nous, en bon ordre, couvert de sang et de gloire.

Ces efforts prodigieux arrêtèrent les progrès des Russes et calmèrent leur fureur. Il était temps. Le courage de nos troupes était à bout. Sans la Garde, elles eussent peut-être succombé ; nos rangs à nous-mêmes se dégarnissaient à vue d'œil. Nous ne perdîmes pas le champ de bataille, mais nous ne le gagnâmes pas, et le soir l'Empereur nous ramena à la même position que nous occupions la veille, sur notre montagne en pain de sucre.

« Tu n'as pas plaisanté avec mes vieux soldats, dit-il

---

1. M. Thiers raconte que cette charge fut exécutée par le premier régiment. C'est là une erreur. Je faisais partie de ce premier régiment, et je suis sûr de n'avoir pas tiré un coup de fusil, ni donné un coup de baïonnette de la journée.

à Dorsenne, je suis content de toi. Les Russes sont battus ; malheureusement, nous avons trop souffert ! »

Vers la nuit, il nous vint un corps de troupes fraîches. Le maréchal qui le commandait (je ne sais plus lequel) accourut à l'Empereur, et lui demanda où il devait se placer.

« Si tu veux de la place, répondit l'Empereur, il faut t'en faire. Va sur le champ de bataille. Mets-toi en première ligne, et, dès que tu seras en bataille, fais feu de tous tes bataillons et de toute ton artillerie ; je vais t'envoyer mes chasseurs à cheval pour te soutenir. »

Le maréchal exécuta ponctuellement les ordres de l'Empereur. Un feu épouvantable éclata tout à coup dans l'obscurité. Les Russes, épouvantés de cet incident imprévu, se retirèrent vers Kœnigsberg, abandonnant leur grosse artillerie, et de nouveaux cadavres s'accumulèrent dans la plaine.

Quel champ de bataille que ce champ d'Eylau ! ce n'était partout qu'un cri de douleur ; on ne peut s'en faire une idée.

Le lendemain de ce jour funeste fut consacré à ensevelir les morts et à porter les blessés à l'ambulance ; nous nous acheminâmes vers le village. De tous côtés la neige était massée sous les pas des hommes et des chevaux. De tous côtés des hommes gisaient étendus.

On creusait d'énormes fosses, de véritables tranchées, qu'on remplissait de cadavres, et que l'on couvrait ensuite de terre ; si bien que la plaine était toute semée de buttes funèbres, que nous retrouvâmes l'année suivante encore visibles et fort apparentes. Nous enterrâmes ainsi le 14⁰ de ligne tout entier et le colonel sur son régiment.

Pendant que nous accomplissions ce triste devoir, nous étions exténués de faim, de fatigue et de froid. Heureusement, vers midi, arrivèrent de Varsovie des tonneaux d'eau-de-vie qu'amenaient des juifs avec une escorte de grenadiers. Les choses furent disposées pour que chacun pût boire à son tour et qu'il n'en résultât aucun désordre. On mit un tonneau devant nous debout et défoncé, à côté, deux grenadiers tenaient un sac. Nous avancions six par six ; chacun en passant laissait tomber un écu de six francs dans le sac, et puisait un verre dans le tonneau. Mais défense de recommencer ! On conçoit qu'à pareil prix les juifs firent fortune et en même temps ils sauvèrent l'armée.

Une trêve fut convenue avec les Russes. Il n'était pas possible de continuer la guerre, les armées avaient trop souffert. Avant de quitter le champ de bataille, Napoléon fit partir en traîneau les blessés, les malades et les pièces de canon prises à l'ennemi. Ce fut le 17 février seulement que nous nous mîmes en marche vers Thorn et Marienbourg, où nous devions être provisoirement cantonnés.

Nous séjournâmes ensuite à Osterode et enfin à Finkenstein. L'Empereur s'y établit au milieu de nous, partageant nos privations et vivant parfois de l'aumône de ses soldats. Là, comme partout, les paysans polonais avaient caché leurs provisions, enfoui des vivres de toute espèce. Nous étions réduits à sonder la terre avec nos baguettes de fusil et à faire de perpétuelles recherches. Dès qu'une cachette était découverte, on en donnait avis aux chefs ; ils présidaient à l'enlèvement des objets et à leur transport dans les magasins.

L'Empereur avait beau faire tous ses efforts pour nous procurer des subsistances, elles n'arrivaient qu'à grand'peine dans ce pays lointain et ravagé par la guerre. Souvent les rations manquaient.

Un jour, je convins, avec une vingtaine de camarades, d'aller à la chasse dans la forêt voisine ; la neige couvrait la terre, je comptais sur cette circonstance pour découvrir le gibier et l'approcher facilement. Nous atteignîmes quelques lièvres et un troupeau de daims ; mais avec nos fusils de munition, chargés à balle, tous les coups manquaient. Cependant, je crus reconnaître qu'un lièvre avait été blessé et qu'il n'irait pas loin ; je suivis sa trace, il avait disparu dans un bouquet de petits sapins hauts de quatre à cinq pieds et très serrés l'un contre l'autre. Je veux me glisser dans ce taillis ; quel est mon étonnement ! Le premier arbre que je saisis pour le détourner s'ébranle et me reste, pour ainsi dire, dans la main ; j'en prends un autre, même résultat. Aussitôt j'appelle mes camarades.

« Tenez, leur dis-je, voyez ce qui arrive ; bien certainement, il y a là-dessous une fameuse cachette. Il faut nous orienter de façon à la retrouver, nous rentrerons au camp et nous reviendrons avec les outils nécessaires pour déterrer le trésor. »

Cela était plus facile à dire qu'à faire. Comment

marquer la route? Nous résolûmes d'enlever avec nos sabres l'écorce des sapins sur tout notre passage, et d'observer en même temps les divers endroits que nous traversions.

Tout en levant le nez en l'air, nous remarquâmes des planches qui se trouvaient fixées à la cîme de quelques sapins. La première attira légèrement notre attention. Une seconde nous étonna davantage, et le nombre venant à augmenter, nous voulûmes savoir ce que c'était. Rien de plus aisé, car les branches des sapins étaient ordinairement coupées à quelque distance du tronc et formaient échelle de bas en haut.

L'un de nous s'aventura à grimper. Nouvelle découverte ! nouvelle surprise ! c'étaient des espèces de boîtes remplies de viandes salées ou de linge ou de provisions quelconques ; nous emportâmes quelques objets et nous rentrâmes au bivouac le cœur bien joyeux.

On devine que notre premier soin fut d'avertir nos chefs. Ils ne doutèrent pas que nous n'eussions découvert la cachette où les Polonais avaient enfoui les ressources du village. Aussi, dès le lendemain, deux lieutenants partirent avec cinquante hommes guidés par nous, et munis de bêches, de pioches, de tous les outils nécessaires. Nous parvînmes à retrouver notre chemin. On enleva les petits arbres. On détourna la terre, et l'on aperçut une espèce de cave de plus de cent pieds de long, pleine de farine, de riz, de jambon, de café, de toile, etc., etc. Il fallut près de vingt-quatre heures pour mettre tout à découvert.

Un des lieutenants nous quitta pour faire son rapport. Des traîneaux nous furent expédiés, et, peu à peu, notre capture fut transportée à Finkenstein. Combien nous nous régalâmes aux dépens des Polonais ! Cette aventure donna l'idée de fouiller tous les endroits où l'on pouvait supposer quelque cachette ; on décarrela les maisons, on bouleversa les granges et les écuries. Presque partout les recherches furent couronnées de succès. Néanmoins elles ne suffisaient pas à satisfaire tous nos besoins. La famine reparaissait à de fréquents intervalles. Depuis quatre mois nous ne pouvions pas changer de linge. La vermine commençait à paraître.

Il fallait la présence de l'Empereur, au milieu de nous pour soutenir nos forces et chasser le découragement. Quand le printemps arriva, nous le saluâmes avec des transports de joie. Les vivres commencèrent à paraître. Tous les matins la breloque se faisait entendre, et c'est un signal qui ne trouve jamais le soldat paresseux ou maussade.

Dès que les neiges furent complètement fondues, l'Empereur fit venir des ingénieurs et dresser un camp magnifique dans une belle position, en avant de Finkenstein. On traça de grandes lignes le long desquelles nous devions établir nos baraques, et, tout au milieu, l'on réserva une place pour faire un palais à l'Empereur. Jamais on n'aura l'exemple d'une activité semblable à celle que nous déployâmes.

La résidence impériale, toute construite en briques, s'éleva comme par magie. En quinze jours nos baraques furent montées, grâce aux planches de sapin que nous avions recueillies dans les environs. Il est vrai qu'elles abondent dans ce pays ; on les emploie à faire des enclos que nous eûmes seulement la peine de démolir.

Nous construisîmes, pour les officiers supérieurs, des logements très confortables. Les rues étaient, on peut le dire, tirées au cordeau. Chacune portait le nom de l'une des victoires remportées depuis le commencement de la guerre. Bientôt il nous arriva du vin et de l'eau-de-vie. Autant nous avions souffert, autant nous vivions dans l'abondance ; la joie brillait sur toutes les figures. L'Empereur lui-même paraissait fort heureux ; souvent il venait nous voir manger la soupe.

« Que personne ne se dérange, disait-il. Je suis content de mes grognards, ils m'ont bien logé, moi et mes officiers ! »

Nous passâmes le mois de mai à faire la belle jambe dans ce camp magnifique. Les riches Polonais et les belles dames s'empressaient de nous visiter. Nos costumes avaient reçu quelques réparations ; nous étions frais et pimpants comme à Paris. Mais, le 5 juin, le bruit se répandit que le maréchal Ney avait sur les bras une armée russe tout entière, et qu'il lui avait fallu toute son intrépidité ordinaire pour empêcher une déroute. Aussitôt l'ordre de se préparer au départ fut donné, et le 6, à trois heures du matin, nous levâmes notre camp.

Pendant quelques jours, ce ne fut pour nous que marches et contre-marches. Une fois, pendant une halte, le maréchal Lannes arriva je ne sais d'où, et il eut avec l'Empereur une vive discussion à quelques pas de notre ligne.

« Le sang d'un Français, disait-il à l'Empereur, vaut mieux que toute la Pologne.

— Si tu n'es pas content, répondit Napoléon, va-t-en ?

— Non, reprit Lannes, tu as encore besoin de moi ! » (Il n'y avait que ce grand guerrier qui tutoyât l'Empereur.)

Le 14 juin, au matin, nous apprîmes qu'une grande bataille était engagée sur les bords de l'Alle. Tous les corps de l'armée s'avançaient dans cette direction ; nous-mêmes reçûmes l'ordre de nous y porter en toute hâte.

Pour déboucher dans la plaine de Friedland, il fallait traverser un grand bois, percé d'une route très large ; on entendait le canon retentir avec violence, et l'on disait que les troupes françaises, déjà engagées, avaient besoin de secours. Nous marchions au pas de course.

Chemin faisant, nous rencontrâmes beaucoup de grenadiers Oudinot, qui étaient blessés. Quelques-uns avaient leurs vêtements brûlés et la figure noire comme du charbon. Il paraît que des caissons avaient sauté au milieu de leurs rangs, et les avaient mis dans cet état. Les malheureux voyaient à peine ; ils allaient à tâtons. Quand ils nous reconnurent, ils nous crièrent :

« Allez vite ! allez vite ! nos camarades ont besoin de secours. »

Ces paroles redoublèrent notre ardeur et la rapidité de notre course. Au sortir du bois, nous vîmes s'ouvrir devant nous une plaine magnifique dans laquelle on se battait de tous côtés. Nous arrivions au beau milieu de l'action. L'Empereur nous donna une heure de repos, pendant laquelle le combat se ralentit peu à peu. Il en profita pour visiter ses lignes, revint au galop près de nous, changea de cheval et donna le signal d'une charge à outrance sur l'armée russe.

Il s'agissait encore de lui faire prendre un bain, non pas à la glace, comme à Austerlitz, mais dans les flots de l'Alle.

Ney fut le héros de la journée ; c'est lui qui se chargea de couper les ponts de Friedland, et d'enlever aux ennemis toute retraite facile. Quant à notre bataillon, il n'eut qu'à marcher de-çà, de-là, sur le champ de bataille, tantôt pour appuyer l'un, tantôt pour appuyer l'autre, sans tirer un seul coup de fusil.

Cette mémorable bataille ne finit que fort tard, à la lueur de l'incendie de Friedland. Les Russes profitèrent de la nuit pour décamper au plus vite. Notre Empereur, selon son habitude, coucha sur le champ de bataille, et s'occupa de faire soigner les blessés.

Le lendemain, il lança quelques escadrons à la poursuite des ennemis ; nos vaillants cavaliers ne purent atteindre que l'arrière-garde et les traînards ; ils y rencontrèrent des Kalmouks, espèce de sauvages à figure plate, nez épaté, oreilles pendantes, armés de carquois et de flèches. Les gilets de fer tombèrent sur eux comme la foudre et les firent prisonniers ; nous les vîmes ramener de l'autre côté du fleuve, et nous obtînmes la permission de les visiter. C'était un véritable objet de curiosité pour nous.

Le 18 juin, toute notre armée se trouva près de Tilsitt, en face des Russes, dont elle n'était séparée que par le Niémen. Tilsitt est une belle ville, avec des rues larges, droites, bien bâties, et des environs fertiles. Elle se trouve entre un lac à droite et le Niémen à gauche. On nous fit camper au bout du lac.

Le 19, un envoyé de l'empereur de Russie passa le fleuve pour parlementer. Il fut présenté au prince Murat d'abord, et ensuite à Napoléon, qui était installé dans la ville. L'Empereur répondit sur-le-champ aux propositions qui lui étaient faites et nous donna l'ordre de nous tenir prêts pour le lendemain, en grande tenue.

Nos officiers nous annoncèrent qu'il s'agissait de recevoir l'empereur Alexandre, qu'on préparait un radeau sur le fleuve, que les deux souverains allaient se voir et s'entendre pour la conclusion de la paix. Quelle joie dans nos cœurs ! C'était donc fini !

Les chefs vinrent parmi nous veiller à ce que rien ne manquât à notre tenue, que les queues fussent bien faites et les buffleteries bien blanches.

Quand tout fut prêt, vers les onze heures du matin, nous nous portâmes sur les bords du fleuve. Là nous attendait le plus beau spectacle que jamais homme ne verra. Au milieu du Niémen se trouvait un grand radeau, garni de larges et magnifiques tentures, et, sur le côté gauche, un pavillon. Aux deux rives était amarrée une barque richement décorée. Napoléon arriva vers une heure de l'après-midi, et se plaça avec son état-major dans l'une d'elles, montée par les marins de la Garde. Alexandre occupa l'autre.

Au même signal, les deux Empereurs se mettent en marche. Ils avaient chacun le même trajet à parcourir et le même nombre de degrés à monter pour atteindre la plate-forme du radeau. Mais notre Napoléon arriva le premier.

Lorsque les deux souverains eurent gagné tous deux le lieu de rendez-vous, on les vit s'embrasser comme deux frères. Les troupes, accumulées sur les deux rives, poussèrent des acclamations frénétiques. Toute la vallée en retentit. Après l'entrevue, qui fut très longue, chaque Empereur se retira de son côté.

Le lendemain, même cérémonie. Cette fois, il s'agissait du roi de Prusse, qui venait implorer la clémence du vainqueur. Il était bien sot près du grand homme. Heureusement qu'Alexandre était là pour prendre sa défense. Il avait l'air d'un coupable qui vient de recevoir la correction. Qu'il était maigre, de niaise figure et d'apparence misérable. Mais que la Reine, son épouse, était belle ! Je l'ai vue de près et je peux bien le dire !

Cette deuxième entrevue fut courte. On convint qu'on neutraliserait Tilsitt, qu'Alexandre en occuperait une moitié et Napoléon l'autre ; que la garde impériale russe passerait sur la rive gauche pour faire le service auprès de son souverain, comme nous auprès du nôtre. Napoléon se chargea, en outre, de donner l'hospitalité à ses nouveaux alliés. C'était glorieux pour lui de loger et nourrir deux souverains, après les avoir bien battus. Le lendemain, toute la Garde se rangea sur trois rangs, des deux côtés de la grande rue de Tilsitt, et Napoléon alla au-devant d'Alexandre jusque sur le bord du fleuve. Le roi de Prusse ne s'y trouvait pas.

Quel beau coup d'œil ! ces deux Empereurs, ces princes, ces maréchaux, tous revêtus des plus riches costumes !

L'empereur de Russie, en passant devant nous, dit à notre colonel Frédéric, du 1er grenadiers :

« Vous avez là une belle Garde, colonel !

— Et bonne, Sire, ajouta Frédéric.

— Je le sais », répondit Alexandre.

Le roi de Prusse vint peu après rejoindre les deux Empereurs, et Napoléon régala ses hôtes d'une belle revue de sa Garde, ainsi que du troisième corps d'armée commandé par le maréchal Davout. Nous étions dans la grande tenue, brillante comme à Paris. Les troupes du maréchal ne nous le cédaient en rien. Napoléon eut droit d'être fier.

Quand la revue fut terminée, le défilé commença par division. Le troisième corps passa le premier. Les vieux grognards fermèrent la marche : c'était comme un rempart mouvant. A chaque division de la Garde qui passait devant eux, l'empereur de Russie, le roi de Prusse, et tous leurs généraux, saluaient avec empressement. Les compliments nous pleuvaient de toutes parts.

Je vis, à cette occasion, les quatre plus beaux hommes que j'aie rencontrés dans ma vie : l'empereur Alexandre, le prince Murat, Poniatowski, et M. Belcour, capitaine adjudant-major du premier régiment de grenadiers de la Garde.

Un jour, Napoléon nous donna l'ordre de faire tous les préparatifs nécessaires pour offrir un repas à la garde impériale russe. Nous construisîmes de vastes tentes, toutes sur la même ligne, avec les ouvertures tournées du même côté. On nous accorda huit jours de maraude et huit lieues de pays en arrière pour nous procurer des vivres. Nous partîmes en bon ordre, et, dès le lendemain, on vit arriver au camp plus de cinquante voitures chargées de provisions considérables en viande, farine et eau-de-vie, conduites par des paysans qui se prêtèrent de bonne grâce à cette réquisition, et qui furent renvoyés tous contents. On les indemnisa de leurs pertes et de leurs peines.

Le 30 juin, à midi, le repas était sur la table. Le service était on ne peut plus brillant. Nous avions confectionné des surtouts en gazon, garnis de fleurs, avec le nom des deux empereurs tressé en guirlandes. Au front de chaque tente brillaient deux étoiles, avec les noms des deux grands hommes, et, à chaque porte, le drapeau russe et le drapeau français

Nous allâmes au-devant de nos invités, et nous les prîmes par-dessous le bras, pour les conduire. Comme ils n'étaient pas si nombreux que nous, nous en avions un pour deux. Ils étaient si grands, que nous avions l'air de leur servir de béquilles. Moi, qui étais le plus petit des grenadiers français, j'étais obligé de lever la tête en l'air pour voir la figure du mien.

Ils semblèrent confus de nous trouver dans une tenue si brillante. Nous étions superbes. Il fallait voir surtout nos cuisiniers poudrés à blanc, tablier blanc par dessus l'uniforme, bonnet de coton sur l'oreille, et gaîne au côté.

C'étaient, du reste, des gens distingués dans le métier culinaire. Quand nous étions casernés, chaque ordinaire (dix-neuf ou vingt et un hommes généralement) leur faisait douze francs par mois ; et, de plus, ils étaient exemptés du service. Ce jour-là, ils s'étaient surpassés.

Nous plaçâmes nos convives à table, chacun entre deux Français. La gaîté ne tarda pas à nous gagner. Nos géants affamés ne surent bientôt plus se contenir. Oubliant toute réserve, ils se mirent à dévorer. Pour toute boisson, nous avions de l'eau-de-vie, et pour tous verres des gobelets de fer blanc, qui contenaient un quart de litre. Avant de leur présenter ces gobelets, nous étions obligés d'y boire une gorgée ; ils s'en emparaient aussitôt et, dans leurs mains, le liquide disparaissait rapidement. Ils l'accompagnaient de bouchées de viande grosses comme un œuf.

Leurs uniformes devinrent trop étroits : nous leurs fîmes signe de se mettre à l'aise, en déboutonnant nous-mêmes quelques boutons de nos gilets. Ils ne se le firent pas répéter deux fois, et nous vîmes alors tomber un tas de sales chiffons, dont ils se plastronnaient pour avoir une poitrine plus majestueuse.

Au milieu du repas, deux aides de camp vinrent nous annoncer la visite de nos deux souverains, et nous prévenir de ne pas bouger. Napoléon et Alexandre les suivirent de près ; ils firent le tour des tables, examinant tout avec curiosité. En sortant, Alexandre s'écria :

« Grenadiers, voilà qui est digne de vous ! »

La fin du repas dégénéra en une dégoûtante orgie. Nos Russes se conduisirent comme des sauvages. Nous emmenâmes ceux qui pouvaient encore se soutenir, et nous les conduisîmes à leur caserne. Les autres restèrent sous les tables.

Un de nos farceurs eût l'idée de se déguiser en Russe. Il changea d'uniforme avec un de nos convives, et parut ainsi dans les rues de Tilsitt, au milieu des groupes qui sortaient du festin. Ayant un besoin à satisfaire, il s'arrêta en recommandant à un camarade de ne pas lâcher son Russe. Puis, au bout d'un instant, il se mit à courir pour les rattraper. Un sergent russe passait ; il continue son chemin sans faire attention à celui-ci, et est tout étonné de se voir appliquer des coups de canne sur les épaules. Se sentant frappé, il saute sur le sergent, qui s'était fâché ainsi parce qu'il n'avait pas été salué d'après la coutume militaire de son pays. Il le terrasse, l'apostrophe en bon français, et l'eût tué si l'on n'eût pas mis le holà !

Cette scène avait pour témoins les deux Empereurs, qui s'étaient mis à leur balcon pour voir passer la joyeuse bande, et qui riaient aux larmes. L'empereur Alexandre disait :

« C'est bien fait! Pourquoi s'avise-t-il de troubler le plaisir de ces braves gens? »

Tout le monde fut content, les Russes surtout. Lorsque Napoléon eut terminé ses affaires, il fit ses adieux à l'empereur de Russie, et il partit, le 9 juillet, de Tilsitt, se dirigeant vers Kœnigsberg.

Nous reçûmes l'ordre de le suivre, et aussitôt l'on nous mit en route. Nous passâmes par Eylau, et nous vîmes les tombeaux des victimes du 8 février. Ce pays, si funeste pour nous, était alors couvert d'une magnifique verdure. Au milieu s'étalait un beau lac, sur lequel nous avions manœuvré avec toute notre artillerie. Ce changement complet de la nature nous remplissait d'étonnement. Nous traversâmes le champ de repos où dormaient nos camarades morts pour la patrie reconnaissante. Un silence religieux régnait dans nos rangs. Nos chefs nous firent porter les armes.

Arrivés à Kœnigsberg, nous fûmes logés chez l'habitant. La ville était pourvue de provisions de toute espèce ; on avait pris d'énormes convois de vivres que les Anglais, ne sachant pas la guerre finie, expédiaient aux Russes.

Le général Dorsenne, qui commandait les grenadiers à pied de la Garde, reçut l'ordre de nous faire distribuer des souliers et des chemises, qui se trouvaient dans les magasins russes et prussiens, et de nous passer en revue, avant que nous ne quittions Kœnigsberg. Il fit prévenir, à son tour, les capitaines de passer l'inspection par compagnie, et de nous

réunir sur la grande place au jour et à l'heure indi-
qués.

A cette occasion, le capitaine Renard alla trouver
l'adjudant-major, M. Belcour, pour s'entendre avec lui
à mon sujet. Ils me firent venir et m'annoncèrent que
j'allais passer caporal dans la même compagnie, en
récompense de mes services.

« Mais, leur dis-je, je ne sais ni lire, ni écrire !

— Vous apprendrez !

— Ce n'est pas possible ! je vous remercie.

— Vous serez caporal aujourd'hui et, dans le cas où
le général vous demanderait si vous savez lire et
écrire, répondez hardiment que oui ; les vélites se
chargeront de vous instruire. »

Quand vint l'heure de la revue, M. Belcour et
mon capitaine allèrent au-devant du général et lui par-
lèrent de moi.

« Faites-le sortir des rangs », dit-il.

Il me toisa des pieds à la tête, et, voyant ma croix,
il me demanda depuis combien j'étais décoré.

« Je l'ai été aux Invalides, général, et le premier
des légionnaires !

— Le premier ?

— Oui, général !

— Faites-le reconnaître caporal, de suite. »

Il était temps. Je tremblais devant cet homme si
dur et si juste. Tous mes camarades furent surpris
de me voir passer caporal dans la même compagnie ; personne ne s'en doutait. Les anciens caporaux
m'entourèrent et me promirent obligeamment de

m'aider de leurs conseils. Je fus fêté de tout le monde.

Voilà comment s'ouvrit ma petite carrière militaire. Je dois à mon capitaine Renard et à M. Belcour d'être sorti des rangs, où je croyais toujours rester.

————————

CHAPITRE V

Les capucins assassins.
La Garde en charrettes, puis en fiacres.
Terribles marches à pied. — Quarante lieues en deux jours.
Fureur de l'Empereur. — Essling.
Les bonnets à poil sous les obus.
Le papier des Autrichiens.

J'étais caporal. Tout aussitôt les vélites de mon escouade se mirent à l'œuvre : les uns pour m'apprendre à lire, les autres à écrire. Chacun, maîtres et écolier, y mit le plus grand zèle ; malheureusement, nous restâmes fort peu de temps à Kœnigsberg. On nous annonça notre retour en France ; nous passâmes la revue de départ, et nous nous mîmes en route, le 13 juillet 1808.

Je laisse sous silence le bon accueil que l'on nous fit durant le chemin et les fêtes que l'on nous donna.

Notre réception à Paris surpassa tout ce que nous pouvions imaginer. Les banquets, la comédie, l'admiration des dames, l'empressement de tous, rien ne manqua à ce retour triomphal.

Nous pûmes enfin prendre quelque repos à Courbevoie : mais jamais nos loisirs n'étaient exempts de travail. L'Empereur forma, pour notre instruction, des écoles régimentaires sous la direction de deux professeurs distingués de Paris. Je me livrai à l'étude avec ardeur et fis d'assez rapides progrès.

On créa aussi une école de natation près du pont de Neuilly. Je pris, pour ma part, peu de goût pour ce genre d'exercice. Aussi, quand l'Empereur vint nous visiter et voir manœuvrer nos nageurs, comme il me demandait si je savais nager, je lui répondis négativement.

« Pourquoi ? dit-il.

— Sire, répliquai-je, je ne crains pas le feu, mais je crains l'eau.

— Ah ! tu ne crains pas le feu, dit l'Empereur ; eh bien, je te dispense d'apprendre à nager. »

Je compensais par mon zèle pour les théories et les manœuvres mon peu de disposition pour la natation. J'étais d'ailleurs à bonne école avec le général Harlay, qui nous commandait. Dans les intervalles que me laissaient mes études, j'allais faire la belle jambe à Paris. Cela dura jusqu'au mois d'octobre 1808.

A cette époque, l'Empereur nous passa en revue et donna l'ordre de nous tenir prêts à partir sous peu. Effectivement, quelques jours après, on nous dirigea sur Bayonne. Nous traversâmes le pont d'Irun, nous arrivâmes à Vitoria et de là à Burgos, où nous séjournâmes. Il nous arriva dans cette ville une assez tragique aventure.

Burgos possède une magnifique cathédrale. Pour le moment, des galeries attenant à l'église servaient d'écuries à nos grenadiers à cheval et de magasins aux Espagnols qui les avaient encombrées de balles de coton. Comme nos grenadiers se disposaient à aller au fourrage, un petit garçon de onze à douze ans montre sa tête à l'entrée d'un escalier. Se voyant découvert par un grenadier, l'enfant remonte les marches ; le grenadier court après lui.

Ils arrivent ainsi, toujours montant, jusqu'au haut de l'édifice. Là se trouvaient un palier et une porte. L'enfant ouvre la porte, le grenadier pénètre avec lui dans un réduit ; puis le petit garçon disparaît, redescend et recommence le même manège avec un autre grenadier.

Cependant un de nos camarades avait remarqué cette scène et nous fit observer qu'il était assez étrange que les deux grenadiers ne redescendissent pas et qu'il serait bon d'aller aux informations. Aussitôt, quelques-uns d'entre nous, armés jusqu'aux dents, se mettent à la poursuite de l'enfant, gravissent l'escalier étroit, arrivent au palier, enfoncent la porte et se trouvent en face de leurs deux camarades, décapités et baignés dans leur sang.

Ivres de fureur, ils se précipitent sur les brigands qui avaient commis cette atrocité, et qui n'étaient autres que des capucins, au nombre de huit, entourés d'armes, de vivres et de munitions de toute espèce, et retirés dans ce réduit comme dans une citadelle. L'exécution ne fut pas longue : on les massacra et on les précipita, avec l'enfant maudit, par les lucarnes du clocher.

Je passerai très rapidement sur les événements de la campagne d'Espagne, ne racontant que ceux auxquels la Garde prit part pendant son très court séjour dans le pays, puisque la campagne ne dura pas pour nous plus de six semaines.

Le 30 novembre 1808, eut lieu la bataille de Somo-Sierra, où l'ennemi, placé sur le haut d'une montagne, semblait ne pouvoir être délogé. Mais l'Empereur n'hésita pas : il rassembla ses tirailleurs et les jeta, à gauche et à droite, sur les flanc de la montagne ; puis, quand il les vit près d'aborder l'artillerie ennemie, il lança sur la grande route les lanciers polonais et les chasseurs à cheval de la Garde.

Toute cette cavalerie, partant au galop, balaya la route, mit en déroute l'armée espagnole, et, la poursuivant l'épée dans les reins, la força à reculer jusqu'à Madrid. Nous arrivâmes devant cette capitale, qui était disposée à une énergique résistance. Les moines avaient pris les armes et fanatisé la population.

Néanmoins, criblé d'obus et de boulets, Madrid consentit à se rendre. Il paraît que cette capitulation n'était pas très franche. Les Espagnols avaient dépavé les rues, porté les pavés dans les maisons, et menaçaient de nous écraser au passage. L'Empereur, averti, déclara que s'il tombait un seul pavé sur la tête de ses soldats, tous les habitants seraient passés au fil de l'épée. Ils en furent quittes pour repaver leurs rues.

Peu après, l'Empereur quitta Madrid avec toute sa Garde. On arriva au pied d'une montagne formidable, que l'on trouva couverte de neige comme le

Saint-Bernard. Avant d'y arriver, nous fûmes assaillis par une tempête de neige qui nous renversait et nous aveuglait. Le passage présenta des difficultés inouïes, surtout pour l'artillerie. Quand, après les avoir surmontées, nous débouchâmes dans la plaine, la Garde ne trouva que de mauvais villages dévastés par les Anglais.

On arriva au bord d'une rivière excessivement rapide dont il nous fallut franchir les deux bras à gué, malgré le givre qui nous brûlait les yeux et le courant qui menaçait de nous entraîner à chaque faux pas. Parvenus à l'autre rive, notre cavalerie poussa une charge à fond vers les Anglais, et nous-mêmes les poursuivîmes au pas de course jusqu'à Benavente. Bientôt on apprit que les Anglais, pressés à outrance, avaient été forcés de se réembarquer.

L'Empereur nous donna l'ordre de revenir sur nos pas et de repasser notre terrible rivière : c'était le deuxième bain de la journée : il y avait de quoi nous faire faire la grimace. De là, il dirigea la Garde sur Valladolid. Les moines avaient pris les armes et tenaient la campagne : nous nous logeâmes dans leurs couvents. Nous remarquions que chaque couvent d'hommes avait pour voisin un couvent de femmes. On se mit en quête de leurs cachettes, et nous sondions leurs jardins avec nos baguettes de fusil. Quelle ne fut pas notre surprise de rencontrer à chaque pas des cadavres d'enfants nouveau-nés enterrés à deux ou trois pieds de profondeur ! C'est un aperçu des horreurs qui se commettaient dans ce pays.

Cependant les événements se pressaient en Allemagne. L'Autriche faisait de grands préparatifs de guerre ; Napoléon, de son côté, rassemblait des forces. Notre rôle était fini en Espagne ; nous étions nécessaires ailleurs. A peine étions-nous installés à Valladolid, que nous reçûmes l'ordre de rentrer en France à marches forcées.

A Limoges, on trouva la poste prête à nous transporter à Paris. Des charrettes bien attelées et remplies de paille étaient disposées hors la ville. Elles pouvaient contenir chacune douze hommes, et une fois toute la Garde embarquée, l'immense convoi partit au grand trot. Les dispositions les plus habiles avaient été prises pour que tout se passât dans le plus grand ordre. Arrivés au lieu de nos étapes, nous trouvions le couvert mis. On déjeûnait, on dînait à la hâte, et on repartait dans d'autres charrettes préparées de la même manière. Tous les jours nous laissions nos vingt-cinq lieues derrière nous.

Nous arrivâmes ainsi à Versailles et ne fîmes à pied que le reste de la route jusqu'à Courbevoie. La journée du lendemain fut consacrée à nous remonter en linge et en chaussures et à réparer nos effets. Le surlendemain, revue de l'Empereur, et en avant marche ! comme si de rien n'était.

Cette fois encore, Napoléon, comme à Limoges, nous fit une charmante galanterie. Tous les fiacres de Paris furent, par son ordre, mis en réquisition et nous transportèrent jusqu'à la Ferté-sous-Jouarre. Là, on les échangea contre les grosses charrettes de la Brie, ou de petites voitures basses attelées d'excellents chevaux qui nous menaient ventre à terre. Nous pouvions faire environ trente lieues par jour.

Arrivés aux portes de Metz, il fallut rendre les honneurs à cette ville de guerre, mettre pied à terre et s'habiller en grande tenue. On défit les sacs pour changer de linge. Il se trouvait bien là dix mille curieux. Les dames, qui n'avaient jamais vu la Garde de l'Empereur, étaient en majorité. Il faisait un grand vent : toutes les chemises se mirent à voler en l'air. Le champ fut bientôt libre, et toutes les dames de crier : « ah ! l'horreur » en apercevant les plus beaux hommes de France ; mais le calme finit par se rétablir, et notre entrée fut magnifique.

Nous partîmes de Metz pour ne plus nous arrêter ni jour ni nuit : nous étions conduits par la baguette des fées. Après de longs jours et des courses effrénées, nous arrivâme à Ulm, qui avait été précédemment un des points de rassemblement de l'armée d'Allemagne. On n'eut que le temps de manger la soupe ; la grenadière battit, il fallut prendre les armes et partir de suite, à dix heures du soir, par la route d'Augsbourg ; et plus de voitures, hélas ! Nous étions en pays ennemi : force nous fut de dégourdir nos jambes et de marcher toute la nuit.

Nous arrivâmes à Augsbourg le matin, sur les neuf heures. On nous donna trois quarts d'heure pour manger et nous reposer, et nous recommençâmes notre voyage pour faire dans cette seule journée vingt et une lieues. Le lendemain, nous avions encore une

vingtaine de lieues au moins pour atteindre Schœn-
brunn, où s'était établi l'Empereur, après la prise de
Vienne. La Garde arriva près de ce village à minuit;
nos officiers eurent l'imprudence de nous laisser à un
quart d'heure de chemin du château pour prendre
les ordres de l'Empereur. Il fut surpris et furieux de
la nouvelle de notre arrivée.

« Comment, dit-il, avez-vous pu faire faire à mes
vieux soldats quarante lieues en deux jours? Qui
vous en a donné l'ordre? »

Quand nos officiers revinrent nous chercher, nous
ne pûmes nous relever : nos jambes étaient raides
comme des canons de fusil; il fallut nous servir de
nos armes comme de béquilles pour avancer. L'Empereur, en nous voyant ainsi, courbés sur nos crosses,
la tête basse, ne contint plus sa colère. Il traita nos
officiers de toutes les manières. Il dit aux grenadiers à
cheval :

« Allumez des feux dans la cour! Allez chercher
de la paille, faites-les coucher, et faites-leur chauffer
des chaudières de vin sucré. »

Il fallait voir les cavaliers se multiplier sous le
regard de l'Empereur, qui surveillait tout et qui ne se
retira que lorsque les chaudières de vin chaud furent
devant nous. Mais nos camarades furent obligés de
nous soulever la tête pour nous faire boire, et le lendemain matin nous ne pouvions encore marcher : nous ne
retrouvâmes nos forces qu'après quelques jours de
repos dans ce beau village de Schœnbrünn.

Vienne était en notre pouvoir. L'armée autrichienne

avait fait sauter les ponts et avait fui de l'autre côté
du Danube. L'Empereur cherchait les moyens d'en
finir avec elle par un coup décisif. Pour cela, il fallait
aller trouver l'ennemi au fond de sa retraite et se frayer
un passage sur le terrible fleuve, qui avait crû d'une
manière effrayante. Il s'agissait d'établir un pont, et ce
n'était pas chose facile.

Dans cette position critique, l'Empereur sut mettre
à profit les immenses ressources de Vienne. Il ordonna
de faire descendre à trois lieues au-dessous de cette
ville tous les grands bateaux qui s'y trouvaient, et de
rassembler un immense matériel à la hauteur de l'île
Lobau. Au lieu d'un pont, ce point nécessitait l'établissement de deux : l'un de la rive droite à l'île, et
l'autre, de l'île à la plaine d'Essling. Lorsqu'après
des difficultés inouïes ces deux ponts furent établis,
l'Empereur fit descendre de Vienne le corps d'armée
du maréchal Lannes. Une force imposante avait été
laissée dans la capitale pour la contenir et empêcher
toute communication avec le prince Charles. De plus,
quelques tentatives de passage devraient être faites
en face de Vienne, pour tromper ce général et l'empêcher de surveiller les abords de l'île Lobau.

Au milieu de ces préparatifs importants, l'Empereur
ne perdit pas de vue les petits détails ; il s'occupa
dans ce moment même de faire les promotions deve-
nues nécessaires dans la Garde, et c'est ainsi que je fus
nommé sergent, le 18 mai 1809, à Schœnbrünn. J'aurais peine à exprimer la joie que je ressentis de me
voir sous-officier, avec le rang de lieutenant dans la

ligne, et le droit, en temps de paix, de porter l'épée, la canne et le bas de soie.

Le 18 mai, l'opération du passage commença. Je ne ferai pas l'histoire si connue des deux sanglantes journées qui suivirent, et qui portent le nom de bataille d'Essling ; la Garde, d'ailleurs, ne prit part à la lutte que le second jour. A onze heures du matin, nous reçûmes l'ordre de passer le Danube et de mettre nos bonnets à poil. L'Empereur tenait à présenter à l'ennemi ses vieux grognards dans leur plus belle tenue ; ce fut la fin de nos chapeaux à trois cornes. En effet, comme nous passions le grand pont sur trois rangs, chacun tirait à la hâte son bonnet à poil enfermé dans un étui sur le haut du sac. Comme la toilette pressait, nous lancions, pour avoir plutôt fini, nos chapeaux dans le fleuve. Nous n'en avons jamais reporté depuis.

Après avoir traversé la pointe de l'île, qui a à peu près une demi-lieue de largeur, nous arrivâmes au second pont placé sur le petit bras, et nous le passâmes au galop. Les chasseurs à pied passèrent les premiers et débouchant dans la plaine, firent un à gauche en colonne, au lieu d'un à droite qui leur avait été commandé : leur faute ne put être réparée. Il fallut de suite se mettre en bataille par la plus rapide manœuvre. On nous fit pivoter sur nous-mêmes et on nous déploya en bataille. Notre droite se trouvait ainsi appuyée au bras du Danube. L'Empereur dirigeait en personne nos mouvements.

Un boulet vint frapper la cuisse de son cheval : nous

le suppliâmes à grands cris de se retirer et de repasser le petit pont. Cédant à nos prières, il se fit établir une échelle en corde jusqu'au sommet d'un sapin, et de là il voyait toutes les manœuvres de l'ennemi et les nôtres.

Un second boulet frappa le sergent-tambour de notre compagnie. Comme je n'avais encore ni galons ni épaulettes, un de mes camarades arracha ceux du malheureux tambour-maître et me les apporta.

La bataille était aussi furieuse que la veille : les Autrichiens avaient établi en face de nous, sur la gauche du village d'Essling, une batterie de cinquante pièces de canon qui nous écrasait de ses feux. Pour répondre à cette effroyable canonnade, nous avions devant nous quatre pièces qui ripostaient de leur mieux ; mais c'était bien peu de chose. Nous étions là à poste fixe, destinés, dans les combinaisons de l'Empereur, à masquer à l'ennemi la faiblesse de notre réserve et à faire un rideau devant le Danube. Aussi nous ne fîmes point un pas en avant de la journée et nous ne tirâmes pas un coup de fusil, pendant que les canons autrichiens, braqués à douze ou quinze cents pas, nous faisaient un mal horrible. Les boulets nous enlevaient des files entières, et les obus faisaient sauter nos bonnets à poil à vingt pieds de haut. Nous autres sous-officiers, nous répétions sans cesse :

« Serrez les rangs ! »

Et les braves grenadiers appuyaient à droite ou à gauche sans murmurer, n'ouvrant la bouche que pour dire quelque plaisanterie. Il était défendu de passer derrière la ligne pour satisfaire à nos besoins. Comme il y avait là des sapins, on aurait pu s'y cacher et dégarnir nos rangs. Il fallait donc, malgré la pudeur, se poster devant le front de bandière. J'y allai à mon tour, ayant soin de faire face à mes compagnons. En ce moment, un boulet, qui ricochait, me couvrit de terre et faillit me casser les reins. Je me sauvai sans prendre le temps de relever ma culotte et trouvant un peu dur le papier que m'avaient servi les Autrichiens. Notre chef de bataillon m'avait cru frappé à mort : il accourut à cheval au-devant de moi et m'offrit, pour me réconforter, un flacon de rhum qu'il portait dans ses fontes.

Un peu plus tard, une file tout entière, emportée par un boulet, tomba sur moi et me jeta à la renverse. La poignée de mon sabre et le coin de ma giberne furent enlevés du même coup. Déjà tous nos canonniers étaient tués. Le général Dorsenne prit douze grenadiers pour servir les deux pièces qui étaient devant nous, et leur donna la croix pour les encourager ; mais tous ces malheureux furent tués à leur tour. Les canons étaient broyés et gisaient à terre, semblables à d'énormes tisons.

Un obus éclata près de notre brave général et le couvrit de terre ; il se releva :

« Votre général n'est pas mort, nous cria-t-il ; comptez toujours sur lui. »

Il avait déjà perdu deux chevaux dans le commencement de la journée. Ajouterai-je ici un affreux détail ? Un boulet emporta de nouveau toute une file voisine de moi. Je reçus un choc violent, mon fusil tomba ; je ne sentais plus mon bras droit. En regardant, je vis un lambeau sanglant attaché à la hauteur de la saignée, comme si j'avais eu le bras fracassé. Ce n'était qu'un débris de mes pauvres camarades qui avait été lancée contre moi. Le lieutenant, me secouant la main me dit :

« Allons, votre bras n'est qu'engourdi. »

Je me rassurai et pris mon fusil de la main gauche. J'en fus quitte pour une frayeur assez naturelle et pour une douleur que je ressentis longtemps.

Cependant nos pertes étaient considérables : il fallut mettre la Garde sur un rang pour présenter à l'ennemi le même front. Comme nous terminions cette manœuvre, nous vîmes arriver sur notre gauche un brancard porté par des grenadiers qui le déposèrent au milieu de nous : c'était Lannes. L'Empereur, du haut de son sapin, avait déjà reconnu son favori, et était accouru pour embrasser le maréchal, qu'un boulet avait frappé mortellement. Napoléon se mit à genoux pour le prendre dans ses bras et le fit porter dans l'île, où il subit l'amputation. Là finit la carrière de ce grand général, que toute l'armée chérissait tant, et qui nous rendit tant de services.

La foudre nous écrasait toujours. Pour comble de revers, voilà le corps du maréchal Lannes qui, privé de son chef et pris d'une panique soudaine, se replie sur nous en désordre ; comme nous étions sur un rang, nos grenadiers saisissaient les soldats par le collet et les mettaient derrière eux, en leur disant :

« Au moins là, vous n'aurez plus peur. »

Heureusement, le village d'Essling était à nous : quoique pris, repris et incendié, il était resté au pouvoir de nos braves fusiliers. Le calme se rétablit peu à peu parmi les fuyards. Alors le maréchal Bessières, venu je ne sais d'où, sans soldats, sans cheval, et qui depuis quelques instants se promenait au milieu de nos débris, leur cria :

« Camarades, je vais vous conduire en tirailleurs, suivez-moi !

En effet, ils suivirent tous le maréchal, qui, les faisant mettre sur un rang, les établit à portée de fusil des cinquante pièces qui nous écrasaient depuis onze heures du matin, et fit commencer le feu sur toute la ligne contre l'armée autrichienne. Bessières, calme, les mains derrière le dos, secouant sur ses épaules la longue queue qu'il continuait de porter malgré la mode, encourageait ses gens, par ses paroles et son exemple. Il parvint à faire taire pour un moment les canons ennemis et nous procura un peu de répit.

Il tint la plaine avec sa poignée de monde pendant plus de quatre heures. Le champ de bataille n'était ni perdu ni gagné. Nous gardions toujours la même position, et le sol, foulé par nos piétinements, était plus uni que l'aire d'une grange. Mais nous ne savions pas le désastre qui avait lieu derrière nous, la rupture du grand pont, et la crue subite du fleuve ; nous eussions perdu courage.

Enfin, à neuf heures du soir, la fusillade cessa, et

nous reçûmes l'ordre de l'Empereur d'allumer chacun nos feux pour tromper l'ennemi sur notre nombre. Cette ruse était bien nécessaire. Dans les grenadiers et les chasseurs de la Garde, un quart au moins était hors de combat.

L'archiduc Charles ne se doutait pas non plus de ce qui se passait, et ignorait la rupture du grand pont. Une dernière attaque de notre côté nous eût perdus à jamais. Par bonheur, il ne profita pas de l'occasion. C'est qu'au lieu d'être le grand Napoléon, il n'était que le prince Charles d'Autriche.

Quand tous nos feux furent allumés, nous reçûmes l'ordre de repasser le petit pont et de revenir dans l'île. Nous vîmes alors toute l'étendue du désastre. Le magnifique pont du grand bras, qui devait nous réunir au reste de l'armée, avait cédé à la crue et aux matériaux de toute sorte que l'ennemi avait lancés en amont pour l'emporter, et il était parti comme nos chapeaux jetés la veille dans le fleuve. Nous fûmes ainsi bloqués dans l'île et l'on resta trois jours sans pain, obligés pour vivre, de manger tous les chevaux qui étaient avec nous. Pendant ce temps, M. Larrey faisait des amputations à deux pas de nous. Les cris de souffrance et d'agonie se mêlaient à nos cris de détresse.

Enfin, le quatrième jour, nous pûmes repasser le fleuve, grâce aux barques que l'Empereur avait fait descendre de Vienne, et le soir nous arrivâmes à Schœnbrünn. Napoléon commençait déjà à utiliser l'inaction des Autrichiens. Les matériaux arrivaient de Vienne. On s'occupait de rétablir le grand pont et de lui donner une solidité telle qu'il rendît les mêmes services qu'un pont en maçonnerie. Cent mille hommes se mirent à l'œuvre dans l'île Lobau ; on éleva des redoutes, on creusa des canaux, on traça des chemins, on prépara des ponts et des moyens de passage de toute sorte. L'Empereur arrivait tous les jours de Schœnbrünn visiter les travaux, puis il montait dans son sapin pour examiner l'ennemi qui, de son côté, hérissait la rive opposée de redoutes et de retranchements. Il revenait tout joyeux au palais, causait avec ses vieux soldats et se promenait dans la cour, les mains derrière le dos. Il s'occupait aussi à combler les vides que la mort avait faits dans sa Garde. Puis, il manda quelques acteurs de Paris et donna la comédie aux dames de Vienne dans son palais de Schœnbrünn.

Durant ces trois mois de trêve, mon bras droit se remit de son engourdissement, et je me perfectionnai dans la lecture et l'écriture. Mes maîtres étaient contents de moi. Vers la fin, l'Empereur voulut montrer un échantillon de son armée aux amateurs de Vienne ; il passa une revue de cent mille hommes sur les hauteurs à gauche de la ville. De là, les corps reçurent l'ordre de se rendre dans l'île Lobau pour le 5 juillet.

Pour atteindre l'ennemi, nous étions obligés d'effectuer une seconde fois le passage du Danube. Mais comment établir des ponts sous les yeux et sous le feu de son artillerie ? Napoléon n'avait d'autres ressources que de tromper l'archiduc sur le point de notre pas-

sage. Tout fut calculé dans ce but. Au lieu de passer
à la hauteur de notre campement, nous dûmes passer
beaucoup plus bas.

Il y avait à l'extrémité de l'île Lobau un îlot for-
tifié, occupé par les Autrichiens, qui avaient ainsi un
œil ouvert sur nos mouvements et pouvaient découvrir le secret de notre passage. Le colonel Frédéric
reçut l'ordre d'enlever cette position. A minuit, des
radeaux qui pouvaient porter deux cents hommes,
reçurent le brave colonel avec ses grenadiers et ses
voltigeurs. L'obscurité et la pluie, qui tombait par
torrent, favorisèrent la petite expédition qui, prenant
sans bruit l'île par le travers, aborda sur le sable,
s'empara de la position et fit la garnison prisonnière
sans brûler une amorce. Deux mille sapeurs du génie,
arrivant aussitôt, creusèrent des tranchées et des chemins pour faire passer les pontons et l'artillerie. Au
jour, nous étions, sans que l'ennemi s'en doutât, à trois
lieues au-dessous de ses travaux et des nôtres. En un
quart d'heure, trois ponts avaient été jetés sur ce point.

A dix heures du matin, cent mille hommes se dé-
ployaient dans la plaine de Wagram, et à midi toute
notre armée était en ligne. Nous avions inverti les
rôles : les Autrichiens tournaient le dos à la France et,
nous, nous regardions Vienne. Sept cents pièces de
canon étaient en batterie, chaque batterie de cinquante
pièces. Le feu s'ouvrit par des décharges étourdissantes
et le combat s'engagea terrible et acharné.

On connaît les détails de cette bataille. La Garde
impériale ne fit qu'y assister, sans y prendre une

part active ; on n'eut pas un instant besoin de nous. Le soir, l'armée coucha sur le champ de bataille, que nous avaient cédé les Autrichiens. L'Empereur nous fit former en carré, demanda sa peau d'ours et s'endormit au milieu de nous.

De tous côtés sous nos pas roulaient des masses de boulets. Chacun de nous aurait pu en ramasser quarante ou cinquante ; cela donnera une idée de ce qu'avait été la canonnade de Wagram.

Le lendemain, nos colonnes se mirent en route de grand matin pour poursuivre les Autrichiens et se porter vers Olmütz ; mais nous reçûmes bientôt l'ordre de nous arrêter. L'archiduc, accablé, demandait la paix. Les conférences s'ouvrirent sous la tente de l'Empereur, et les paroles données de part et d'autre, nous partîmes pour Schœnbrünn. Napoléon régla ses comptes avec l'Empereur d'Autriche, la paix fut signée. Nous eûmes quelques centaines de millions pour payer les frais de la guerre, et l'évacuation de Vienne commença. Alors, nous reçûmes l'ordre de revenir à Paris, où nous attendait comme toujours l'enthousiasme du peuple parisien. Nous revenions couverts de lauriers, mais hélas ! beaucoup d'entre nous manquaient à l'appel.

A l'entrée de Paris, la foule était immense sur notre passage ; toute la population était sur pied. On nous fit passer sous des arcs de triomphe et on nous mena aux Champs-Elysées où la ville nous offrit un festin. Mais la pluie qui tombait à flots nous gêna beaucoup et gâta tout le plaisir que nous aurions pu prendre.

CHAPITRE VI

Bientôt nous rentrâmes en possession de notre belle caserne de Courbevoie. Cette fois nous pouvions espérer un long repos : la guerre était glorieusement terminée. Nous avions imposé silence aux orgueilleux qui étaient venus nous chercher querelle sans motifs, et qui pensaient que notre éloignement de leur frontière les mettrait à l'abri de notre ressentiment. Notre Empereur leur apprit bientôt qu'il était plus facile de nous braver que de nous vaincre, et toute la honte resta de leur côté.

Après quinze jours d'inaction, quand on nous eut habillés à neuf, l'Empereur nous passa en revue aux Tuileries. On s'occupait alors des préparatifs pour la cérémonie funèbre du maréchal Lannes, dont les restes étaient déposés dans une salle de l'hôpital du Gros-Caillou, sur un lit de parade, en grand uniforme de sa dignité. Cette solennité eut lieu avec toute la pompe due à son rang. Cent mille hommes formaient le convoi de cet illustre guerrier qui partit du Gros-Caillou pour se rendre au Panthéon. Je fus du nombre des sous-officiers qui portèrent le corps : nous étions seize pour le descendre dans le caveau. Toute l'armée défila devant les restes du vaillant homme. La cérémonie finit seulement à minuit.

A la caserne, j'étudiais mon service de sous-officier ; je travaillais la théorie, je m'appliquais à écrire et, un jour, étant de garde à Saint-Cloud, je fis mon rapport, avec les noms de mes cinquante grenadiers très correctement écrits. Je le portai à M. Belcour qui fut content de la netteté de mon écriture :

« Continuez, me dit-il, vous voilà sauvé! »

Combien il me rendit heureux ! Cependant j'étais plus fort en pratique qu'en théorie ; je surpassais tous mes camarades par le ton du commandement, et j'étais désigné comme ayant la plus forte voix. Quoi qu'il en soit, je me trouvais bien fier avec mon grade de sergent et mes quarante-trois sous par jour, surtout quand je comparais à cette position les malheurs de mon enfance.

J'avais des visites indispensables à rendre : je m'occupai de ma toilette. Il me fallait de rigueur des bas de soie pour porter dignement l'épée, et comme *j'avais passé à Saint-Malo*, je n'avais pas de mollets : je fus réduit à en prendre de faux. Je trouvai mon affaire au Palais-Royal ; je les payai dix-huit francs. De cette manière, je réussis à me faire une jambe passable.

Je fis mes visites officielles : je reçus force compliments sur ma belle tenue. Rentré à la caserne le soir à neuf heures et satisfait de ma journée, je trouvai une lettre de mon capitaine Richard qui m'invitait pour le dimanche à dîner, me disant que sa femme et sa fille désiraient me voir, pour me remercier d'avoir fait coucher mon capitaine dans un tonneau le soir de la bataille d'Austerlitz.

Je me rendis à cette invitation et me trouvai en compagnie de militaires de distinction, de bourgeois et de dames de haut parage. J'étais un peu confus au milieu de toutes ces autorités, parmi ces belles dames ornées de plumes et de bijoux. Je me sentais petit dans ce beau salon. Mon capitaine vint à mon secours, me présenta à Mme Renard et aux autres dames, ainsi qu'à ses amis, et je ne me trouvai plus si isolé. Mais j'étais toujours timide et je regrettais ma pension, où j'aurais été bien plus libre.

On passa dans la salle à manger et je fus placé entre deux belles dames qui ne paraissaient pas fâchées d'être éloignées de leurs maris. Elles me mirent à mon aise en s'occupant de moi. Au second service, la gaîté était déjà sur tous les visages. Quand on en fut au vin de Champagne, on ne se contint plus. Il fallut que mes chefs se missent à causer de leurs campagnes et de leurs victoires. Les dames leur disaient :

« Et vos conquêtes auprès des étrangères, vous n'en parlez pas?

— Eh bien, leur répond notre commandant, je vais vous satisfaire : je suis garçon ! »

Et il se mit à faire le portrait des dames de Berlin et de Vienne, tout en ménageant les convenances. Il fut fort applaudi. Quant à moi, je fus attaqué par mes deux voisines, et pressé de conter à mon tour. Je m'en défendis en disant :

« Faites-moi grâce : mes chefs connaissent mon histoire.

— Eh bien, reprit mon capitaine, je vais parler pour lui, et vous verrez que c'est un bon soldat. Il est le premier qui ait été décoré au dôme des Invalides. Il nous a empêchés de mourir de faim en Pologne ; c'est lui qui découvrait toutes les cachettes des Polonais, etc., etc. »

Je fus comblé d'amitiés par tout le monde. Le feu me monta à la figure. J'avais un mouchoir blanc, que je prenais pour m'essuyer le front à chaque instant, et que je remettais ensuite dans ma poche. Comme ma serviette était fine, je m'en servis par distraction comme de mouchoir et la mis de même dans ma poche. L'heure de rentrer au quartier arrivée, je me lève pour prendre congé ; le capitaine me dit :

« Vous partez, sergent ?

— Oui, capitaine ; je suis de garde demain.

— Mais vous emportez votre serviette. »

Je fouille dans ma poche et je m'aperçois de ma bêtise. Heureusement je ne perds pas contenance, et je réponds assez lestement :

« Mon capitaine, je me croyais encore en pays ennemi, et vous savez que si on ne prend rien, on croit avoir oublié quelque chose.

— Très bien, me dit-il, restez : je vais envoyer mon domestique à la caserne et vous passerez la soirée avec nous. Tenez, ajouta-t-il, en me montrant sa fille, voici votre dénonciateur. »

Je rentrai à la caserne des Capucines, près la place Vendôme, et le lendemain matin je reçus une lettre de Mme ***, qui me priait de passer chez elle à onze heures du matin. Voilà mon imagination en travail. Je cherche de suite un camarade pour prendre la garde à ma place ; je me mets sur mon trente et un, je monte en cabriolet, et je me fais conduire à l'adresse indiquée.

Comment raconter ce qui advint alors ? Les mœurs des belles dames de l'Empire étaient moins sévères que celles des belles dames d'aujourd'hui, et la Garde avait droit à leurs plus charmantes faveurs... Quand je rentrai à la caserne, j'étais hors de moi : je tremblais sur mes jambes comme un homme ivre !

Mais je parle de mes jambes ! Que d'embarras elles me causèrent ! Je voulus une fois profiter d'une permission de vingt-quatre heures, et consacrer tout ce temps à ma précieuse conquête. Elle applaudit à ce projet. Son époux était absent, et la nuit même on était libre ! Me voilà pris ! Je n'avais pas songé à mes faux mollets. Comment les ôter en présence d'une si belle dame et trahir les artifices de ma grande tenue. Je déployai là plus d'adresse et de ruse que dans le cours d'une longue campagne. Mais j'avais si peur d'être découvert et bafoué que je résolus de ne plus m'exposer une seconde fois à un semblable embarras.

J'abandonnai toutes mes beautés postiches. Il fallut bien qu'on me prît tel que la nature m'avait fait. D'ailleurs, la tâche était au-dessus de mes forces.....On nous a fait dire que nous mourions sans nous rendre : ceci est bon sur un champ de bataille. Mais à Paris, en pleine paix, je n'avais pas envie de mourir ; et l'ennemi était si terrible que je fus obligé de mettre bas les armes. Je profitai pour cela de quelques plaisanteries sur mon orthographe dont je faisais bon marché, mais qui me servirent de prétexte ; et malgré les instances qu'on fit pour me ramener, je restai vertueux et inébranlable.

Une fois débarrassé de ma belle conquête, je me remis à travailler avec tant d'ardeur que je restai dix mois sans sortir de la caserne autrement que pour monter la garde, et toujours mon *Ecole de Bataillon* en poche, pour apprendre les manœuvres qui concernaient mon grade. Je parvins à triompher de toutes les difficultés. Vers ce temps, l'Empereur donna l'ordre de faire manœuvrer les sous-officiers et caporaux de la Garde au moyen de perches représentant les sections : on nommait cela l'exercice à la perche, et c'était une manière de donner un peu de repos aux vieux grognards.

Avec cent hommes, on faisait les grandes manœuvres, comme si le régiment eût été au complet. L'Empereur vint, un jour, nous fit former le carré, et après une manœuvre d'une heure, manifesta son contentement. Il donna l'ordre d'exercer les sergents et les caporaux à commander chacun à son tour. Quand vint le mien, je fus dans la joie de pouvoir montrer à mes supérieurs les progrès que j'avais faits, et j'eus le bonheur de faire ma pose sans faute.

Si l'Empereur était satisfait de nous, nous ne l'étions pas autant de lui. Le bruit courait dans la Garde qu'il divorçait avec l'Impératrice pour prendre une princesse autrichienne en paiement des frais de la guerre et pour avoir un héritier de son trône.

On nous dit que le prince Berthier allait porter à Vienne le portrait de Napoléon et demander la main de l'Autrichienne et l'épouser par procuration. Le mariage eut lieu, en effet, le 14 mars 1810, et notre nouvelle Impératrice se mit en route pour la France le 15.

Toute sa famille la conduisit à San-Pölten, où elle lui fit ses adieux. Comme elle témoignait quelques regrets de l'abandon de son chien et de sa perruche, des ordres furent donnés de suite, et elle fut bien surprise, en arrivant à Saint-Cloud, de retrouver son oiseau et son chien favoris. La princesse arriva le 27 à Compiègne, où elle était attendue par l'Empereur. De Compiègne, ils vinrent à Saint-Cloud, où nous les vîmes tout à l'aise. Puis, de Saint-Cloud, ils vinrent à Paris pour le mariage religieux. Il fut célébré le 2 avril aux Tuileries.

On ne peut se faire une idée des préparatifs de cette cérémonie. La chapelle nuptiale se trouvait dans le Salon Carré du Louvre. On y arrivait par la grande galerie du bord de l'eau, qui avait été garnie, dans toute son immense longueur, d'un triple rang de banquettes à l'usage des dames ; les hommes formaient un quatrième rang par derrière. Cinquante sous-officiers décorés, pris dans les grenadiers de la Garde, étaient placés de distance en distance dans de petites enceintes entourées d'une grille de fer. Nous étions sous les ordres du général Dorsenne, qui nous disposa de place en place. Ensuite, il prévint les dames de nous considérer comme leurs chevaliers et de s'adresser à nous pour tous les rafraîchissements dont elles pourraient avoir besoin.

Chacun de nous avait à s'occuper de quarante-huit dames environ. Dans l'épaisseur du mur, on avait pratiqué de grandes niches ; c'est. là que nous trouvions de quoi satisfaire à toutes les demandes. Quant aux costumes, toutes les dames étaient en robes décolletées, les bras nus, avec des colliers, des bracelets, des boucles d'oreilles, des diamants et des bijoux de toutes sortes. Que de choses on pouvait voir dans cette brillante réunion ! Je puis dire que je n'avais jamais détaillé de si près toutes les belles dames de Paris. Quand je dis belles, j'en flatte au moins la moitié... Les hommes étaient habillés à la française, tous avec le même costume : culotte courte, habit noir avec boutons d'acier découpés en diamants.

Le cortège partit du Château par le grand escalier du Louvre, et, après avoir traversé la grande galerie, arriva à la chapelle. Les femmes des grands dignitaires portaient la queue de la robe de la nouvelle Impératrice. Tout le monde était debout dans le silence le plus religieux. Dès que le cortège eut défilé, le général Dorsenne nous réunit et nous conduisit à la chapelle où nous vîmes toute la cérémonie. A droite de l'autel, l'Empereur était à genoux sur un coussin brodé d'abeilles ; l'Impératrice était auprès de lui. La messe dite, le général nous fit signe de sortir et d'aller reprendre nos postes. Nous vîmes une seconde fois défiler le cortège. Le front de l'Empereur rayonnait de joie !

Nous autres, au milieu de cette ivresse générale, nous pensions au deuil de la Malmaison et à la douleur de la pauvre délaissée. Elle resta du moins l'idole de tous les braves.

Après les fêtes, l'Empereur partit avec Marie-Louise pour Compiègne, où ils séjournèrent jusqu'au 27. De là ils allèrent visiter la Belgique et les départements du Nord. Le 1ᵉʳ juin, ils étaient de retour à Saint-Cloud. La Ville leur offrit un bal et un souper, le 10. Je me trouvais à la fête commandant un piquet de 20 hommes rangés autour de la table du festin, à l'Hôtel de Ville. La table formait un fer à cheval. Tout le service était en or et le repas uniquement composé de viandes froides.

Le maître des cérémonies annonça le cortège : l'Empereur parut, suivi de l'Impératrice et de cinq têtes couronnées. Je fis présenter les armes, puis j'eus l'ordre de faire mettre l'arme au pied et de me placer devant mon peloton, en face de l'Empereur qui occupait le milieu du fer à cheval, vis-à-vis la porte d'entrée. Le premier il s'assit ; et sur un signe de sa main, tous les hôtes prirent place. Derrière chaque roi ou reine se tenaient trois valets de pied à un peu de dis-

tance. Il fallait voir avec quel ordre et quelle précision le service se faisait. Un convive s'essuyait-il la
bouche avec sa serviette, vite elle disparaissait et une
main empressée en glissait une autre.

Pas une parole ne s'échangeait. D'un signe de tête
on acceptait ou on refusait. Il ne fut permis de rompre
le silence que lorsque l'Empereur eut adressé la parole
à son voisin. Il faut avouer que si c'était imposant, ce
n'était pas gai. Ce fut de même le souverain Maître
qui donna le signal de se lever de table et de passer
au salon. Comme je restais immobile devant ce beau
service, le général maître des cérémonies me vint
prendre par le bras :

« Sergent, me dit-il, venez avec moi ; je vais vous
faire goûter du vin de l'Empereur. Asseyez-vous là,
votre peloton aura son tour. »

Je trouvai le vin bon, et mes grenadiers furent de
mon avis.

Cette fête fut suivie de plusieurs autres et, notamment, du fameux bal donné par l'ambassadeur d'Autriche et qui se termina par un incendie. La première
émotion de ce lugubre événement passée, l'Empereur
partit pour Saint-Cloud. Il aimait ce beau parc rempli
de gibier de toutes sortes, entre autres les gazelles,
que chaque soir il allait visiter avec Marie-Louise,
dans le parterre de la porte du haut. Je m'y trouvais
un soir, par hasard. En les apercevant, je voulus me
retirer ; l'Empereur me fit signe de rester. Je me mis
par discrétion sur le côté, et voilà que je vis arriver
des gazelles qui se mirent à galoper et à bondir autour

de Leurs Majestés. Ces petits animaux sont très friands de tabac : l'Empereur avait toujours sa petite boîte à la main pour les satisfaire. L'un d'eux ne trouvant pas, apparemment, Sa Majesté assez prompte, baisse brusquement la tête sous la robe de Marie-Louise et en fait voir... vous savez !... du linge bien blanc !

Napoléon, furieux, ne se possédait plus. Je me retirai au plus vite, feignant de n'avoir rien vu. Le souvenir de cette jolie scène me fait encore plaisir.

Marie-Louise était de première force au billard ; elle y battait tous les hommes. Elle ne craignait pas de s'allonger sur le billard, quand il le fallait, pour donner son coup de queue, et cela de la façon la plus gracieuse !

Au mois de septembre 1810, il se fit de grands préparatifs pour aller chasser à Fontainebleau. Le 1er bataillon, dont j'étais, eut l'ordre de se mettre en route, pour faire le service de cette résidence. La Cour arriva avec les équipages de chasse, et le jour de l'ouverture, M. Belcour, notre adjudant-major, commanda douze sous-officiers et caporaux, pour se rendre dans la forêt à des endroits désignés. On nous plaça par quatre à des carrefours où se trouvait, sous une tente, un repas servi pour le déjeuner des chasseurs.

Quand la chasse commença, l'impératrice Marie-Louise lança des faucons qui firent merveille ; elle les choisissait sur une espèce de cerceau porté par un garde, et autour duquel ils étaient posés. Aussitôt lâché, l'oiseau partait comme la foudre et rapportait sa victime à l'Impératrice. Cette chasse dura une heure, puis les voitures se rendirent au galop à un enclos rempli de lapins. L'Empereur commença le feu. Sur son invitation toute la suite se mit de la partie, et, quand le massacre fut terminé, Sa Majesté fit appeler les gardes et notre adjudant-major : il ordonna une distribution du gibier abattu. Notre détachement se régala des lapins tués par l'Empereur.

Le lendemain, ce fut la chasse au sanglier ; elle dura quinze jours. Voici comment elle se pratiquait : quand la bête était forcée, deux grands chiens s'élançaient, la saisissaient chacun par une oreille, se collaient à ses flancs et la maintenaient tellement serrée entre eux qu'elle était arrêtée net. Alors les gardes arrivaient avec un baillon, muselaient l'animal sans qu'il pût se défendre, lui retenaient les quatre pieds dans un nœud coulant et faisaient lâcher prise aux chiens, qui repartaient aussitôt sur le reste de la bande. Toutes les bêtes ainsi capturées étaient portées sur une voiture spéciale : on ouvrait une porte par derrière, on les débarrassait de leurs entraves et les sangliers tombaient dans une caisse profonde qui formait le corps de la voiture.

On en prit ainsi cinquante, au grand amusement de l'Empereur, qui avait fait préparer un enclos, près de la porte de Paris, pour les déposer vivants, ainsi que deux loups capturés de la même manière. Cet enclos était une rotonde dans l'intérieur de laquelle on avait disposé des gradins en amphithéâtre pour la Cour. On faisait reculer les voitures, qui contenaient les sangliers, jusque dans l'intérieur, et c'était plaisir de la voir tomber sur le sable et s'élancer, furieux, contre les palissades. L'Empereur s'arma d'une carabine et commença l'hécatombe, en gardant les loups pour la fin. Puis il permit à ses courtisans de s'amuser et de terminer la fête. Les sangliers furent partagés entre les grenadiers et les gardes, à l'exception des trois plus gros qu'il se réserva.

Pour la chasse au cerf, nous eûmes des instructions nouvelles. Les gardes eurent l'ordre d'aller reconnaître le gîte des cerfs, leur âge, et d'en faire leur rapport. Ces préparatifs terminés, l'Empereur fixa le rendez-vous. Il y avait cinquante-deux chiens divisés en quatre relais de treize chiens chacun, sans compter les limiers. Chacun prenait son poste, la Cour déjeunait, les calèches arrivaient, et le lancer commençait. Au galop, Napoléon se portait aux points de passage, attendait le cerf, le tirait, et, s'il le manquait, partait comme la foudre pour se trouver à un autre point. On sait ce qu'est une semblable chasse.

La Cour revint ensuite à Paris, et nous à Courbevoie. L'adjudant-major annonça au général Dorsenne que l'Empereur venait de me nommer instructeur des deux régiments de grenadiers ; je fus installé de suite dans mes nouvelles fonctions.

Le matin, je faisais manœuvrer les consignés le balai à la main et l'après-midi avec le fusil. Il y avait une carrière de sable près de la grille de la caserne ; quand j'avais beaucoup d'hommes punis, je les mettais

à la carrière ; ils aimaient mieux cet ouvrage que
l'exercice. Tout ce travail servait à niveler et à sabler
la cour. On grognait bien un peu, mais l'ouvrage se
faisait tout de même. Je trouvais tous ces vieux soldats assez dociles pour des hommes qui sortaient des
régiments avec des galons de sergent, souvent de sergent-major, et venaient chez nous comme simples grenadiers. Cela était dur, mais j'avais le ton nécessaire
pour leur en imposer, et j'étais d'ailleurs bien appuyé
par les adjudants-majors. Bientôt, je fus choisi pour
tenir la pension des sous-officiers ; ce fut le conseil
qui me nomma. J'avais à servir cinquante-quatre sous-
officiers. J'avais à ma disposition un char à bancs et un
soldat du train pour aller m'approvisionner à Paris, plus
quatre hommes de corvée par compagnie et un caporal.
Je partais pour Paris avec mon détachement à deux
heures du matin, muni de la note de mon chef de cui-
sine. J'étais de retour pour présider au repas du matin
à neuf heures.

Il faisait bon être en règle avec le général Dorsenne, chacun tremblait à son approche, et il ne ména-
geait pas ceux qu'il trouvait en défaut. J'étais toujours
prêt à le recevoir, et, toujours prévenu, je n'étais
jamais surpris.

Une fois cependant, je faillis recevoir une verte
réprimande. Nous avions fait quelques économies sur
la nourriture de la semaine, et il avait été décidé que
l'on achèterait de l'eau-de-vie avec la somme écono-
misée. Mais pour ne pas éveiller l'attention du général, je portai sur mon compte : *Légumes coulantes...*

tant. Précisément l'infatigable général tomba sur ce passage.

« Qu'est cela, s'écrie-t-il, *légumes coulantes ?* »

Je balbutie et finis par avouer notre peccadille. D'abord, il voulut se fâcher ; puis, en voyant ma confusion, en songeant au singulier stratagème que nous avions imaginé, il se prit à rire:

« C'est bon, je vous pardonne, dit-il ; mais je n'entends pas qu'on économise sur la nourriture pour acheter des liqueurs. »

Tout roulait sur moi : l'exercice des consignés, la surveillance de mon réfectoire, et cinquante vélites à faire manœuvrer. Toutes mes heures étaient prises : je menais à bonne fin toute cette besogne avec facilité. Je puis dire que je me sentais fier d'être arrivé où j'en étais.

La fin de 1810 arriva ; 1811 nous promettait bien des choses nouvelles. Le 20 mars au matin, à la caserne, un courrier nous annonça la délivrance de l'Impératrice, sans nous en dire davantage. Le premier coup de canon des Invalides se fit alors entendre : tout le monde était silencieux, comptant les coups. Au vingt-deuxième, un immense cri de: Vive l'Empereur ! poussé par tous les vieux grognards ivres de joie, retentit dans la caserne : l'Empereur avait un héritier !

A l'occasion du baptême de son fils, l'Empereur donna des fêtes magnifiques qui durèrent plusieurs jours. C'est l'époque de la plus grande splendeur de la France: les étrangers arrivaient de toutes les parties du monde. L'Empereur leur donna en spectacle une revue de sa façon. Cent mille hommes de toutes armes furent réunis sur la place du Carrousel. Les régiments d'infanterie arrivaient par la rue de Rivoli et venaient se mettre en bataille sur cette belle place. L'infanterie de la Garde était sur deux lignes devant les Tuileries, et pour débarrasser la place, on la fit mettre en colonnes serrées par divisions au fond de la cour des Tuileries.

A midi précis, l'Empereur monte à cheval, passe la Garde en revue, revient se poster en face du cadran, et fait appeler notre adjudant-major Belcour :

« As-tu, lui dit-il, un sous-officier qui soit assez fort pour répéter mon commandement ? Mouton ne peut répéter aujourd'hui.

— Oui, Sire.

— A-t-il une voix assez forte ?

— Oui, Sire.

— Amène-le, et qu'il répète mot pour mot après moi. »

M. Belcour s'approche de moi et me met au fait. Le général, le colonel, les chefs de bataillon m'entourent, me pressent de recommandations :

« Ne vous trompez pas, me disent-ils ; ne faites pas attention que c'est l'Empereur qui commande, ayez de l'aplomb. »

M. Belcour me présente.

« Mets-toi à ma gauche, me dit Napoléon, et tu répéteras mon commandement. »

La tâche n'était pas difficile, je m'en acquittai on ne peut mieux. L'Empereur faisait son commandement :

je faisais demi-tour, je le répétais, puis je me remettais face à Sa Majesté et j'attendais. Il ne s'agissait que de ménager ma voix suivant la distance, et de la déployer assez pour la porter du pavillon de l'Horloge à la place du Carrousel.

Toutes les fenêtres des Tuileries étaient garnies de spectateurs. Les étrangers paraissaient bien étonnés de voir un sous-officier, le fusil au bras, répéter les commandements de Napoléon, et s'amusaient beaucoup des demi-tours que je faisais sans cesse. Chaque régiment passait sous l'Arc de Triomphe, venait se ranger en bataille devant l'Empereur qui le passait en revue, puis revenait à sa place pour le faire manœuvrer et le faire mettre en colonnes serrées devant la Garde. Cette manœuvre d'infanterie dura deux heures, et j'eus l'honneur de voir défiler devant moi la Garde impériale, qui fermait la marche.

Je fus alors renvoyé à mon rang et remplacé par un général de cavalerie ; il était temps : j'étais en nage. Tous mes chefs vinrent me féliciter, mon capitaine était enthousiasmé !

« C'est pourtant moi, disait-il, qui l'ai forcé d'être caporal ; c'est mon ouvrage. »

De retour à Courbevoie, la fête se continua à table avec les gratifications de l'Empereur : un litre de vin par homme, 25 sous aux soldats, 43 sous aux sous-officiers, 33 aux caporaux, et de la gaîté sur tous les visages.

Je veux placer ici un charmant souvenir de l'enfance du petit prince, qui était notre idole à tous. Me trouvant un jour en grande tenue dans la cour de Saint-Cloud, je le rencontrai porté par sa nourrice, accompagné du grand-maréchal Duroc. L'enfant, en m'apercevant, tendit ses bras vers moi, comme pour prendre mon plumet. Le grand-maréchal me fit signe d'approcher. Le jeune prince saisit aussitôt mes plumes, les arrache et rit aux éclats.

« Laisse-le faire », disait le grand-maréchal.

Je laissais bien faire ; mais le plumet fut sacrifié, et moi très sot. Les dames d'honneur et la nourrice étaient folles de joie à voir la mine que je faisais. Enfin le grand-maréchal me dit :

« Laisse-lui ton plumet ; je te le ferai remplacer, et se tournant vers la dame qui le portait, il ajouta : Mettez l'enfant sur les bras de ce sergent, qu'il le porte un peu. »

C'était, ma foi, bien une autre affaire ! J'allonge les bras pour recevoir ce précieux fardeau.

« Eh bien, est-il lourd ? me dit Duroc.

— Mais, oui, général.

— Allons, tu es assez fort pour le porter. Marche un peu. »

Je fis un tour sur la terrasse : l'enfant continuait à arracher mes plumes, tandis que ses longues draperies me traînaient dans les jambes. J'avais une frayeur terrible de tomber ! Que de joie pourtant à tenir dans mes bras un tel enfant !

Quand je le remis à la dame d'honneur, elle me remercia. Le grand maréchal me dit :

« Tu viendras chez moi, dans une heure ; je te ferai appeler. »

J'y allai, il me remit un bon pour acheter un beau plumet chez le fournisseur.

« Tu n'as que celui-ci ? dit-il.

— Oui, général.

— Eh bien, je vais te faire un bon pour deux ; tu en auras un pour le dimanche. »

Mes officiers, en me revoyant sans plumet, me demandèrent ce que j'en avais fait. Je leur dis que c'était le roi de Rome qui me l'avait pris ; je contai mon histoire et je montrai le bon du grand-maréchal Duroc.

« Heureux mortel ! » me dirent-ils.

De pareils souvenirs ne s'oublient jamais !

Le lendemain de ces fêtes, je repris mes pénibles travaux. Je poussai mes cinquante vélites et mes consignés. Tout marchait de front. Gouverneur en petit de la caserne, je tiens, me disais-je, mon bâton de maréchal ; je serai, sur mes vieux jours, le vétéran du quartier. Je ne me doutais guère que je n'étais alors qu'à la moitié de ma carrière : je n'en avais encore cueilli que les roses.

Sur ces entrefaites, il m'arriva de la ligne une foule de grenadiers pour compléter nos régiments, et pour qu'on pût, en réformant les vieux grognards, former deux compagnies nouvelles. Dès ce moment, l'Empereur nous préparait par de grandes manœuvres à la campagne qui allait s'ouvrir. Le théâtre de ces grands mouvements était la plaine Saint-Denis. Il multipliait aussi les revues aux Tuileries, examinant tous les détails d'un œil sévère, se faisant tout montrer, gourmandant les uns, complimentant les autres. Il faisait ouvrir les fourgons d'ambulance et montait lui-même sur les roues, pour s'assurer qu'ils étaient bien remplis de charpie. C'étaient les dames de Paris qui faisaient cette charpie et les bandes.

L'orage grondait dans le Nord.

CHAPITRE VII

Dans les derniers jours d'avril 1812, l'ordre arriva de nous tenir prêts à partir et de faire nos sacs en prévision d'une longue campagne. Je fus appelé devant le conseil et nommé vaguemestre des deux régiments de grenadiers de la Garde, avec la conduite du trésor et des équipages. Deux fourgons contenaient les bagages des officiers. Deux autres furent chargés de tonnes contenant 28.000 francs ; chacun était traîné par quatre chevaux et conduit par deux hommes. C'était ce petit convoi que j'avais à diriger.

La Garde partit le 1er mai à minuit pour se rendre à Meaux. Retardé par quelques opérations de comptabilité, je ne pus quitter Courbevoie que le lendemain à huit heures du matin. Sur les midi, je traversai la place Vendôme, assis dans un joli cabriolet placé au-devant de mon premier fourgon et me carrant comme un homme d'importance. J'atteignis le corps dans la nuit.

Il fut convenu avec l'adjudant-major que, désormais, je devancerais les régiments sauf à les attendre à chaque étape. Dans les grandes villes, je passais à la poste pour recueillir les lettres ; mes hommes et mes chevaux avaient le temps de se reposer; je pouvais réparer les accidents inévitables dans un voyage aussi long. En effet, nous gagnions la frontière de Russie en traversant toute l'Allemagne.

Il ne m'appartient pas de raconter la campagne de Moscou; qu'il me soit permis seulement de rapporter quelques détails personnels qui donneront une idée des choses et des hommes de cette grande époque.

A Vilna, le 13 juillet, l'Empereur donna l'ordre qu'on lui présentât douze sous-officiers de la Garde pour devenir lieutenants dans la ligne. Comme les chasseurs à pied de la Garde avaient déjà quitté la ville, toutes les promotions tombèrent sur les grenadiers. A midi, comme je passais, avec un paquet de lettres sous le bras pour en faire la distribution, M. Belcour m'aborda et, me serrant la main, me dit :

« Mon brave, vous passez aujourd'hui lieutenant dans la ligne.

— Merci, je ne veux pas quitter la Garde.

— Je vous dis que vous porterez aujourd'hui même des épaulettes de lieutenant. Croyez-moi, acceptez-les d'abord, et bientôt je vous ferai rentrer parmi nous. Ainsi, pas de mauvaise volonté. A deux heures, trouvez-vous sur la grande place. »

J'y fus. On nous plaça vingt-deux sur un seul rang. L'Empereur arriva, nous passa en revue, toisant chacun de la tête aux pieds et témoignant sa satisfaction. Quand mon tour fut venu, ma petite taille parut l'étonner.

« C'est notre instructeur, dit M. Belcour ; il faisait mille difficultés pour passer dans la ligne.

— Comment cela ? dit l'Empereur, tu ne veux pas passer dans la ligne ?

— Non, Sire, je préfère rester dans votre Garde.

— Eh bien, je te nomme à mon petit état-major. »

Il se tourna vers le comte Monthion, qui l'accompagnait, et ajouta :

« Monthion, tu prendras ce grognard comme adjoint au petit quartier général. »

On peut aisément s'imaginer quelle fut ma joie. Rester près de mes compagnons, près de l'Empereur ! — Je ne me doutais guère que je quittais le paradis pour tomber dans un véritable enfer. Le temps allait se charger de me l'apprendre. — Le soir même, mes camarades du régiment fusillèrent mon sac. Le lendemain, je me présentai au général Monthion, qui me reçut avec l'affabilité d'un homme qui aime et respecte les vieux soldats. Il m'invita à couper mes moustaches, parce que l'Empereur les avait proscrites à son état-major. Puis, il me confia pour mon début une mission pénible.

Il s'agissait de conduire sept cents traînards à leur corps — celui du maréchal Davout. Parmi eux, je ne trouvai ni un sergent, ni un caporal. Mon état-major se composait d'un tambour et d'un petit musicien. A la sortie de Vilna, je quittai la tête de ce singulier bataillon et me plaçai en queue pour mieux surveiller la marche. Pendant quelque temps, tout alla bien. A peu de distance de la ville, la route s'enfonce dans d'immenses forêts ; dès que la nuit commença à tomber, nos traînards se glissèrent un à un dans les fourrés : impossible à moi de les retenir.

A la nuit close, on arriva à un espèce de rond-point où ceux qui n'avaient pas déserté s'installèrent malgré moi, allumèrent des feux et se préparèrent à bivouaquer. Je voulus m'y opposer. Ils répondirent qu'ils avaient assez marché et ne voulaient pas aller plus loin.

Pendant que je subissais ainsi leur loi, une calèche vint à passer, entourée d'une escorte nombreuse et bien éclairée par des torches. C'était l'Empereur. Il aperçut notre bivouac, et ne comprenant pas quel corps il avait là sous les yeux, il me fit mander près de lui. Je m'approchai de la portière :

« Que fais-tu là ? me dit-il.

— Sire, je conduis sept cents traînards au corps du maréchal Davout. Mais ce n'est pas moi qui commande : ils ne font que ce qu'ils veulent. Déjà beaucoup ont déserté ; les autres ne tarderont peut-être pas.

— Fais comme tu pourras. Je vais donner des ordres pour les faire arrêter. »

Et, disant ces mots, il part, et je reste pour passer la nuit en compagnie de cette bande de rebelles. Je regrettais fort mes galons de sergent !

Je n'étais pas au bout de mes peines. Le matin, je fis battre l'assemblée ; je dis à mes hommes que l'Empereur allait faire prendre des mesures contre eux, et nous nous mîmes en route. Vers midi, à la sortie de la forêt, nous rencontrons un troupeau de vaches. Chacun se précipite pour les traire dans des gamelles et se disputer le lait ; il fallut encore les attendre. Le soir arrivé, ils firent comme la veille et campèrent où il leur plut de s'arrêter.

Un autre jour, à la traversée de forêts encore plus vastes, j'aperçus tout un détachement qui quittait la route et tournait à droite. Je me précipitai pour l'arrêter. Mais quelle fut ma terreur en voyant ces bandits faire volte-face et tirer sur moi ! C'étaient cent trente-trois Espagnols du régiment Joseph-Napoléon. Ils avaient comploté ce beau coup, et heureusement n'avaient pu déterminer aucun Français à les suivre. Je n'eus que le temps de fuir devant leurs balles et de rejoindre le reste du détachement.

« Soldats, m'écriai-je, vous êtes Français. Tâchez de vous conduire comme des Français ! Je ne resterai plus à l'arrière-garde. Je marcherai devant vous. Suivez-moi, si vous le voulez, et soyez sûrs, en tout cas, que l'Empereur sera instruit de tout ce qui adviendra. »

Je finis par sortir de cette maudite forêt. J'arrivai près d'un village où se trouvait une station de cavalerie commandée par un colonel, qui avait pour mission de diriger les troupes de passage. Je lui fis mon rapport. Après m'avoir entendu, il manda quelques

juifs qui, sur mes indications, devinèrent dans quel
village mes cent trente-trois déserteurs s'étaient réfu-
giés, il fit partir dans cette direction cinquante chasseurs à cheval. Ce détachement arriva vers minuit au
village désigné par les juifs, le cerna et surprit les
Espagnols endormis; ils furent tous désarmés, gar-
rottés, placés dans de petites charrettes basses et ame-
nés devant le colonel.

Cet officier les fit délier et placer sur un rang. Il
leur annonça qu'il allait les former par ordinaires ; il
demanda s'il y avait parmi eux des sergents et des
caporaux. Aussitôt deux individus sortirent des rangs
et montrèrent des galons de sergent cachés sous leurs
capotes. Trois caporaux firent de même. Puis on présenta aux soldats un sac qui contenait des billets noirs
et des billets blancs. Ceux qui tiraient des billets noirs
étaient rangés à côté des sergents et des caporaux. Le
tirage fini, le colonel se tourna vers eux :

« Vous avez, leur dit-il, pillé, volé, incendié ; vous
avez fait feu sur votre commandant. La loi vous condamnait tous à la peine de mort. Je pouvais vous faire
tous fusiller. J'en épargne la moitié ; mais l'autre
moitié va subir son châtiment. Que cela serve
d'exemple ! »

Et, s'adressant à moi :

« Commandant, faites charger les armes à votre
bataillon ; mon adjoint commandera le feu ! »

Je me souviendrai longtemps de cette terrible scène,
qui fût comme l'étrenne de mes épaulettes de lieutenant. Le cœur navré, je continuai ma route. Chaque

jour, je croyais toucher au terme. Le corps de Davout avait une grande avance sur moi, et je ne pouvais l'atteindre qu'à force de vitesse et d'activité. A Witepsk, j'appris qu'il était seulement à trois lieues de moi. J'allai bien vite chez le commandant de place m'informer de la route à suivre, disposé à faire immédiatement cette dernière étape. Mais, quand je revins au point où j'avais laissé mon bataillon, je ne retrouvai plus que mon tambour et mon ordonnance. Ils me dirent que tous les autres étaient partis, dès qu'ils avaient appris que le corps du maréchal n'était plus qu'à une lieue d'ici, et qu'ils avaient couru le rejoindre. De cela je crus ce qu'il me convint de croire. Une désertion générale me semblait beaucoup plus probable qu'un excès de zèle.

Abandonné, ou plutôt débarrassé de mon bataillon, je me remis en route avec mon tambour et mon soldat. Quand je me présentai dans cet équipage au chef d'état-major du maréchal, les aides de camp m'accueillirent par des éclats de rire. Je leur observai que leurs rires étaient hors de propos, et m'adressant au général :

« Tenez, lui dis-je, voici ma feuille de route et mes rapports. Vous verrez, général, comment je me suis conduit depuis Vilna. »

Il me prit alors à l'écart, me demanda des explications, et me conduisit ensuite près du maréchal. Celui-ci me reconnut pour un de ses vieux grognards ; je lui rappelai comment j'étais entré dans les grenadiers, grâce à un subterfuge que lui-même avait indiqué. Son accueil fut gracieux ; il écouta le récit de mes aventures et recommanda au chef d'état-major de me faire bien soigner.

En quittant le maréchal pour rentrer au camp, je trouvai mes soldats qui me demandèrent pardon de leur conduite. Je consentis à me taire en les remettant à leurs chefs de corps. Mais quand je réclamai au colonel du régiment Joseph-Napoléon un reçu de mes cent trente-trois Espagnols, cet officier, — qui était Français — remarqua qu'il en manquait la moitié.

« Ils sont morts, lui dis-je.

— Comment, morts ?

— Ils ont été fusillés.

— Et pourquoi ?

— Parce qu'ils avaient fait feu sur moi, parce qu'ils avaient déserté, parce qu'ils s'étaient livrés à une foule d'excès.

— Eh bien ! je vais faire fusiller les autres. »

Il l'eût fait comme il le disait ! Je fus obligé de calmer sa fureur, de lui observer qu'ils avaient en quelque sorte subi leur jugement, et que l'Empereur seul avait le droit de revenir sur ce qui s'était passé. Il ne voulut pas céder à mes instances, et j'eus recours au maréchal pour obtenir la vie de mes fuyards.

Le lendemain, je pris les dépêches du maréchal et retournai à Witepsk. Je remis mes papiers et mes reçus au comte Monthion ; il savait déjà tout ce qui s'était passé, et l'Empereur lui-même en était instruit. De Witepsk, l'armée se dirigea sur Smolensk. Là se livra une bataille des plus sanglantes. Lorsque le combat fut engagé, l'Empereur me fit venir près de lui :

« Tu vas, dit-il, partir pour Witepsk ; tu remettras ces dépêches au commandant de place. Voici un ordre qui enjoint à tout employé ou militaire de quelque arme et de quelque grade qu'il soit, de te prêter main-forte. Tous les chevaux sur ta route sont à ta disposition, en cas de besoin, sauf les chevaux de l'artillerie. Es-tu bien monté ?

— Oui, Sire. J'ai deux chevaux.

— Prends-les tous les deux. Quand tu auras crevé l'un, prends l'autre. Mets dans cette mission toute la vitesse possible. Je t'attends demain. Il est trois heures. Pars ! »

Aussitôt, je m'élance à cheval. Le comte Monthion me dit :

« Ça presse, mon vieux grognard, ne perdez pas une minute. »

Je partis comme la foudre, tenant mon second cheval en main. Quand je sentis ma monture fléchir sous moi, je mis pied à terre. D'un tour de main, je dessellai mon cheval et sellai l'autre. Puis, laissant ma pauvre bête sur place, je repartis comme une balle. Dans un bois, je rencontrai des cantiniers qui rejoignaient leur corps :

« Halte-là ! m'écriai-je. Ce cheval, de suite ! Voici l'ordre.

— Mais...

— Pas de mais ! Lisez ! Un cheval, vite un cheval ! Je vous laisse le mien à la place. »

Ils me donnèrent une excellente bête qui me porta

loin. D'ailleurs, dans ces parages, je trouvai une correspondance établie pour protéger la route. Je n'avais
qu'à montrer mon ordre au chef de poste ; je chan-
geais de cheval, et au galop ! De cette façon, j'arrivai sans encombre à Witepsk et remis mes dépêches
au général commandant la place.

Pendant qu'il en prenait connaissance, je dînai et
j'eus encore le temps de me jeter sur un matelas. Mais
au bout d'une heure de repos, il fallut repartir. Je
comptais au moins trouver les mêmes facilités qu'à
l'aller. Je me trompais : arrivé à l'endroit où j'avais
trouvé un piquet de cavalerie qui servait à la correspondance, plus rien. Tout était pris ou en fuite. Me
voilà donc seul au milieu des bois, avec un cheval
abîmé de fatigue et sans possibilité de relayer. Comment continuer ma mission ?

Je ralentis le pas et me mis à réfléchir. Après
quelques instants, j'aperçus au loin, devant moi, à
un endroit où la route s'élargissait, un gros de cavaliers pied à terre. Je reconnus des Cosaques. Ils me
barraient le chemin : je n'avais d'autre espoir que de
parvenir à les tourner en m'enfonçant dans les bois.
Tout à coup, un paysan sort du fourré et me crie :
Cosaques ! Cosaques ! Je les avais certes bien vus. Je
saute à terre. J'aborde le paysan et je lui montre
de l'or dans une main et mon pistolet dans l'autre. Je
lui fais comprendre par un geste qu'il faut qu'il me
serve de guide pour échapper aux cavaliers. Il com-
prend et me répond : Bac tac ! — ce qui signifie dans
la langue de ce maudit pays : C'est bon !

Guidé par lui, je finis par me tirer d'affaire ; il m'en coûta trois napoléons : ce n'était vraiment pas cher. Une fois les Cosaques dépassés et la grand'route reprise, j'étais sauvé. Bientôt je tombai dans un groupe d'officiers qui, sur le vu de mes ordres, me donnèrent un excellent cheval, et, à la nuit close, j'arrivai sur le champ de bataille. Il s'agissait de trouver l'Empereur. Je le demande aux premiers soldats que je rencontre ; ils me répondent qu'ils n'en savent rien. Je me dirige alors vers des feux que j'aperçois sur ma gauche et passe près d'une batterie. Un canonnier me crie :

« Qui vive ?

— Officier d'ordonnance.

— Arrêtez-vous : vous allez à l'ennemi.

— Ce n'est pourtant pas l'ennemi que je veux rencontrer pour le moment ; c'est l'Empereur. Savez-vous où est son bivouac ?

— Non, mais je vais vous conduire au poste, on le saura peut-être. »

En effet, l'officier du poste me fit mener à la tente impériale. On me croyait pris. Je racontai mes aventures. L'Empereur donna ordre de me payer mes frais de route, mes deux chevaux, ainsi que les trois napoléons que le paysan avait si bien gagnés.

Le lendemain — 18 août — l'armée entra à Smolensk. Les Russes occupaient les hauteurs environnantes et nous criblaient d'obus et de boulets. Il fallut tourner ces hauteurs pour s'en rendre maîtres. Après avoir franchi les portes, qui étaient barricadées avec des milliers de sacs de sel et de terre, il fallut pénétrer dans des rues embrasées et nous rendre maîtres du feu qu'avaient allumé les obus des deux armées. Une grande partie de cette magnifique ville fut la proie des flammes.

Au bout de quelques jours, Davout, Ney et Murat prirent l'avance pour explorer la longue suite de forêts qui s'étend de Smolensk à Moscou. Bientôt l'Empereur apprit que Davout avait dépassé sa ligne en voulant franchir une forêt sans la faire fouiller. Il m'expédia sur-le-champ pour faire rétrograder le maréchal.

Mais comme toute la route était encombrée de troupes, je pris un chemin de traverse et mis mon cheval au galop pour gagner la tête de la division.

Tout à coup je me trouvai face à face avec les débris d'une colonne russe qui fuyait devant les nôtres. La position était critique! Je ne perdis pas la carte. Je me mis à crier de ma voix de stentor : « En avant! En avant! »

Et aussitôt je rebroussai chemin de toute la vitesse de ma monture. Sans doute les Russes crurent que j'étais à la tête d'un détachement lancé à leur poursuite, car ils se précipitèrent dans toutes les directions ; leur frayeur fut mon salut.

Il ne m'arriva plus rien qui vaille la peine d'être raconté jusqu'à la fameuse bataille de la Moskova. On sait que dans cette terrible journée tous les efforts de l'Empereur tendirent à emporter cinq redoutes qui foudroyaient notre droite. Plusieurs fois, l'infanterie les avait attaquées sans succès. A la fin l'Empereur, s'adressant au comte Monthion, lui dit :

« As-tu là un officier bien monté ? »

Le général me désigna.

« Pars de suite, me dit l'Empereur, porter cet ordre à Caulaincourt. »

Je m'élance aussitôt, et parviens jusqu'au général Caulaincourt, qui, en lisant l'ordre que je lui apportais, s'écria :

« Voilà ce que j'attendais ! »

Aussitôt il réunit les colonels de sa division. Il leur fait part de la volonté de l'Empereur, assigne à chacun son rôle, se réserve pour lui-même la deuxième redoute et, par un fatal pressentiment, désigne celui qui doit le remplacer en cas de mort.

« Vous, me dit-il, suivez-moi pour rendre compte à l'Empereur de ce qui arrivera. »

Il fait sonner la charge. Ses cuirassiers partent au trot, en longeant un petit bois placé sur le flanc des redoutes, pendant que les grenadiers et les voltigeurs recommencent une attaque de front. Puis, après avoir dépassé le bois, ils se lancent à fond de train. Les barrières des redoutes sont enfoncées par l'effort de cette masse irrésistible. Cavaliers et fantassins y pénètrent de tous côtés. Dans la mêlée, le brave Caulaincourt est frappé d'un coup mortel. Je l'ai vu tomber à deux pas de moi.

Je m'empressai de rejoindre le colonel qui le remplaçait, et lorsque le succès fut complet :

« Allez, me dit-il, annoncer la victoire à l'Empereur. Je vais lui envoyer les officiers russes qui viennent d'être pris. »

Je pars au galop, et traversant le champ de bataille au milieu d'une grêle de balles, j'arrive près de l'Empereur. En soulevant mon chapeau pour le saluer, je m'aperçois que la corne de derrière a été coupée par un projectile.

« Tu l'as échappé belle », me dit-il.

En effet, il ne s'en fallait pas d'un demi-pouce pour que j'aie subi le sort de Caulaincourt.

Quelques jours plus tard, je fus désigné par l'Empereur pour aller, avec vingt gendarmes, rejoindre devant Moscou le roi Murat, afin de visiter les caveaux et les souterrains du Kremlin. On m'adjoignit un interprète, M. Rosset.

Le lendemain à dix heures, je remettais mes dépêches au roi de Naples. Mon chapeau écorné le fit rire. Nous partîmes, je le suivis avec mes gendarmes. Arrivé au pont de Moscou, le Roi reçut les clés de la ville, et nous fîmes notre entrée dans cette belle capitale, précédés de quatre pièces de canon, d'un bataillon et d'un piquet de cavalerie. On allait au petit pas, dans une belle rue qui nous conduisit au pied du Kremlin.

En tournant à droite, nous fûmes assaillis par une grêle de balles qui partaient des fenêtres de l'Arsenal. En un instant les portes furent enfoncées : le rez-de-chaussée et le premier étage étaient encombrés de paysans et de soldats russes. Tous furent massacrés. Le Roi de Naples descendit de l'autre côté de la ville et se porta sur la route de Kalouga.

J'entrai au Kremlin pour remplir ma mission, accompagné des gardes du palais. Ma visite terminée, j'allai voir la fameuse cloche qui, en tombant de la charpente qui la supportait, s'est enfoncée dans le sol de quarante pieds de profondeur. On a déblayé le tour de cette monstrueuse cloche, et on l'a environnée d'un rempart de briques.

Tout le monde a pu lire les détails de l'incendie de Moscou dans toutes sortes d'ouvrages ; je n'ai rien à y ajouter. Tout ce qu'il m'est permis de dire c'est que nos malheurs et nos désastres datent de là. Je fus employé comme adjoint, ainsi que deux de mes camarades, près d'un colonel d'état-major chargé de faire évacuer les hôpitaux. Ce pénible service terminé, je rentrai au petit quartier général. Nous étions logés chez une princesse qui nous traitait fort bien, et je pus me donner quelques jours de repos. Déjà l'on se disposait à évacuer la ville. L'Empereur fit enlever de Moscou de nombreux trophées, entre autres la croix d'Ivan, haute de trente pieds, toute en argent massif. On chargeait ces dépouilles dans de grands fourgons qui furent confiés au général Claparède, avec un bataillon d'escorte.

Nos échecs commencèrent par celui qu'éprouva Murat. Il avait été chargé d'observer les Russes et de ne pas se laisser surprendre. Au contraire, il fut surpris, perdit son artillerie, ses bagages et un grand nombre de soldats. Je fus envoyé pour savoir au juste ce qui s'était passé. Je ne pus voir le Roi ; je ne rencontrais que des fuyards qui disaient :

« Ils l'ont pris au lit ! Nous sommes battus ! »

En revenant, je rencontrai l'Empereur :

« Eh bien ! me dit-il, as-tu vu Murat?

— Non, Sire, je n'ai rencontré que des cavaliers en déroute. »

Il partit au galop. Pendant quelques jours, on s'occupa à refouler les Russes. Mais le froid menaçait, la fortune ne semblait plus nous sourire. L'Empereur comprit qu'il était temps de rétrograder.

Le comte Monthion fut chargé de faire partir la Maison et ses bureaux. Quel moment! On ne soupçonnait pas encore toute la gravité de la situation. Le 16 octobre, à trois heures de l'après-midi, nous quittâmes Moscou ; la route était tellement encombrée d'équipages qu'il était impossible d'avancer. L'artillerie, dans cette confusion, ne parvenait pas à se faire place. Nos yeux habitués à tant d'ordre et de précision dans les mouvements étaient frappés d'une douloureuse surprise. A trois lieues de la ville, on entendit une épouvantable détonation : c'était le Kremlin qui sautait.

Dès les premiers jours de novembre, l'hiver s'annonça par une neige abondante et le froid le plus rigoureux. L'Empereur faisait de petites étapes au milieu de sa vieille Garde. Il suivait sa voiture à pied, un bâton ferré à la main. Nous autres, nous restions sur les bas-côtés de la route, avec quelques officiers de cavalerie dont les corps disparaissaient petit à petit et qui venaient alors se joindre à nous.

Le 9 novembre 1812, à Smolensk, le thermomètre marquait dix-sept degrés au-dessous de zéro. Nos chevaux affaiblis glissaient sur la glace et s'abattaient.

Je fus obligé de déferrer les miens. Bientôt les Russes apparurent. Chaque jour les Cosaques poussaient des hourras à nos oreilles. Mais tant qu'ils nous virent des armes à la main, ils n'osèrent pas trop nous attaquer. Ils se contentaient de se tenir à quelque distance de la route et de nous regarder passer.

Ce n'était pourtant que le début et la plus faible partie de ce qui nous était réservé.

L'Empereur, avant de passer la Bérésina, fit appeler le maréchal Davout et me désigna pour l'accompagner. Il s'agissait de garder la tête du pont et de faire passer avant tout le reste de l'armée, l'artillerie et les munitions. Le maréchal se plaça à droite, et moi à gauche. Lorsque tout le matériel fut passé, le maréchal me dit :

« Allons, mon brave, tout est passé. Allons rejoindre l'Empereur. »

Nous traversâmes le pont et un marais qui, heureusement, était gelé et pouvait supporter notre matériel ; circonstance heureuse, sinon tout était perdu. Pendant ce temps-là, l'Empereur avec le corps du duc de Reggio, avait refoulé les Russes dans les bois. De son côté, le maréchal Ney avait taillé en pièces tout ce qui essayait de lui couper la route. Cette bataille leur coûta cher ; nos cuirassiers les ramenaient par centaines, couverts de boue et de sang. C'était un horrible spectacle. Comme nous arrivions sur le beau plateau où l'engagement avait eu lieu, l'Empereur passait les prisonniers en revue, et la neige tombait si épaisse qu'on se voyait à peine.

Derrière nous se passait une scène épouvantable : les Russes dirigeaient sur la foule qui encombrait les ponts les feux de plusieurs batteries qui décimaient ces masses désordonnées. Nous voyions tomber cette grêle de feu, sans qu'il nous fût possible de secourir nos malheureux compagnons. Tous couraient pêle-mêle vers les ponts. Les voitures se heurtaient, et la confusion était si grande qu'hommes et femmes se précipitaient des ponts dans la Bérézina et disparaissaient sous les glaces que charriait la rivière. Personne ne peut se faire une idée d'un pareil tableau. Là fut perdu tout le riche butin que nous avions fait depuis le commencement de la campagne !

Après la revue des prisonniers russes, l'Empereur me fit appeler :

« Tu vas partir, me dit-il, et porter cet ordre sur la route de Vilna. Voici un guide sûr qui te conduira ; ne perds pas une minute, et surtout fais tous tes efforts pour arriver demain au petit jour. »

En effet, il fit interroger et payer le guide devant moi. On nous donna à chacun un bon cheval du pays. Je sautai sur le mien et partis comme la foudre. La route était toute couverte de neige ; cependant nos chevaux ne glissaient pas trop. J'eus le bonheur d'arriver sans aucune rencontre fâcheuse, et quand je mis pied à terre, mon guide me fit connaître au maire du pays où j'avais ordre de m'arrêter. Celui-ci fit conduire nos chevaux à l'écurie ; je lui remis mes dépêches et il me présenta un verre de liqueur dont il but d'abord la moitié pour m'ôter toute inquiétude.

« Buvez! » me dit-il en français, et en décachetant mon paquet. Puis il reprit :

« Mais il est impossible que je puisse faire apprêter une aussi grande quantité de rations que votre Souverain demande. Il me faudrait un mois pour cela. Cependant je vais faire tout ce que je pourrai. »

A peine achevait-il que des gens accouraient en criant avec effroi : Cosaques! Cosaques! Je me crus perdu! Aussitôt ce brave homme me fait sortir de son cabinet, me prend par les épaules et me pousse dans un four où je me trouvai blotti sans avoir le temps de la réflexion. Ce four était au ras de terre, voûté et très long. Il y avait peu de temps qu'on l'avait allumé, car il était encore tout chaud, et d'une chaleur supportable. Je n'eus pas, du reste, le temps de m'y retourner. Je me blottis comme je pus, et je dois avouer que j'éprouvais la plus vive anxiété. J'avais peur d'être découvert et massacré ; ce qui pouvait m'arriver de moins triste était d'être pris et mené en Sibérie pour y mourir de froid et de fatigue. Heureusement le maire avait eu la présence d'esprit de placer des fagots devant l'entrée du four pour me cacher! Ce fut l'affaire d'un instant : les Cosaques parurent. Je ne pouvais savoir leur nombre ; mais je les entendais marcher devant ma retraite. Mes cheveux se dressaient. Chaque minute me paraissait un siècle. J'en fus quitte pour une grande frayeur. Les Cosaques s'emparèrent de mes dépêches et partirent rejoindre leur régiment, qui se trouvait à l'entrée du village.

Quand ils furent partis, le digne maire vint me délivrer.

« Sortez, me dit-il, ils n'y sont plus. Ils ont pris vos dépêches et sont allés arrêter votre armée ; ainsi votre route est libre maintenant. »

Je sautai au cou de cet homme généreux et, le serrant dans mes bras, je lui promis de rendre compte à mon Souverain de sa noble conduite. Il me présenta encore un verre de liqueur que j'avalai d'un trait, et un morceau de pain que je serrai dans ma poche. Je sautai en selle et partis au galop. Pendant une lieue je fendis le vent sans m'occuper de ma pauvre monture. Lorsque j'atteignis nos éclaireurs, je fus transporté de joie, et je respirai enfin tout à mon aise. Ce fut alors que je mordis et dévorai le pain que le bon maire m'avait donné.

Bientôt après, je rencontrai le gros de l'armée qui marchait silencieusement. Le froid devenait de plus en plus intense, les routes étaient couvertes de verglas, et les chevaux glissaient et tombaient à tout moment.

Enfin, je me présentai, chapeau bas, devant l'Empereur entouré de son état-major :

« Comment, te voilà ! Et ta mission ?

— Elle est remplie, Sire.

— Comment n'es-tu pas pris ? Tes dépêches, qu'en as-tu fait ?

— Les Cosaques s'en sont emparés.

— Que dis-tu ?

— La vérité, Sire. Arrivé chez le maire, je lui ai remis mes dépêches. Au même moment, les Cosaques sont arrivés. Le maire m'a fait cacher dans un four.

— Dans un four ?

— Oui, Sire, où je n'étais pas à mon aise, et où j'ai eu bien peur de rester. Les Cosaques ont passé et repassé devant ce four, sans se douter que j'y étais. Ils ont pris mes dépêches et sont partis si vite que je n'ai pas pu seulement les voir filer.

— C'est curieux, mon vieux grognard. Il faut que Dieu te protège, car tu devais être pris.

— Oui, Sire ; mais le maire m'a sauvé.

— C'est bien ; je saurai reconnaître le service qu'il t'a rendu. »

Et il raconta mon aventure à ses généraux, après m'avoir accordé huit jours de repos, avec le double remboursement de mes frais. Je compris bien vite que l'Empereur m'avait sacrifié pour faire tomber mes dépêches aux mains de l'ennemi, et par ce moyen détourner les Russes de la véritable route qu'il voulait suivre. Cette ruse de guerre lui permit de faire passer tout son matériel sans livrer bataille ni tirer un coup de fusil. Le soir, nous arrivâmes à une lieue de l'endroit où mes dépêches avaient été prises. L'Empereur fit appeler le maire et eut une longue conférence avec lui. J'eus occasion de lui serrer la main.

« J'aime les Français, me dit-il. Adieu, mon brave officier. »

Bien des années ont passé sur ce souvenir, mais je bénis encore cet homme à qui je dois la vie. Cependant la retraite devenait de plus en plus affreuse. La

température était descendue vingt-huit degrés au-
dessous de zéro. Les soldats, exténués de fatigue et
de souffrances, étaient obligés par leur faiblesse de se
débarrasser de tout leur équipage. A peine s'ils pouvaient conserver leurs armes, et encore leurs doigts
restaient gelés sur les canons de leurs fusils. La Vieille
Garde seule avait conservé fusils, sacs et munitions.
Elle ne voulait quitter tout cela qu'avec la vie.

Aux horreurs du froid vinrent se joindre celles de la
famine ; les vivres manquaient, il fallut manger les
chevaux. A mesure qu'un cheval tombait sur la route,
les soldats, avec leurs couteaux, se taillaient des grillades dans ses cuisses et les faisaient rôtir, quand ils
pouvaient trouver du feu ; quand le bois manquait,
on les mangeait crues. Dans la marche jusqu'à
Vilna, ce fut notre meilleure nourriture.

Nous faisions de petites journées ; l'Empereur était
avec nous, suivi de tout son état-major. Ceux de nos
braves officiers qui n'étaient pas démontés, lui faisaient escorte de chaque côté de la route, ainsi que
la Vieille Garde. Quant au reste de l'armée, tout était
démoralisé. On marchait comme marchent des prisonniers. Il n'y avait plus d'ordre, plus de discipline ;
chacun suivait par instinct celui qui le précédait. Au
moindre obstacle qui le faisait trébucher, le soldat
ne pouvait plus se relever.

Nous étions obligés de faire d'horribles grimaces pour
agiter les muscles de notre visage et empêcher les
terribles effets de la gelée. Dès qu'un feu était allumé,
c'était à qui s'y précipiterait. On se battait, on écar-

tait ceux-là même qui l'avaient préparé ; on les laissait
mourir à quelques pas derrière. Personne ne conservait plus ni sensibilité, ni humanité. L'égoïsme le plus
affreux survivait à tous les sentiments. Et néanmoins,
pas un murmure contre l'Empereur, pas une plainte
contre lui !

Je fus envoyé auprès du général Claparède, chargé
de la conduite des trophées de Moscou, avec ordre de
les faire jeter dans un grand lac à droite de la route
et de livrer le trésor aux traînards. Ces malheureux se
ruèrent dessus et mirent tout au pillage. Les trois
quarts y trouvèrent la mort par leur avidité ; ils tombaient gelés sous le poids de leurs fardeaux. Dans l'état
de faiblesse où nous nous trouvions, un homme ne pouvait plus porter cinq cents francs en argent sur lui. Je
possédais de mes petites économies 1.700 francs dans
mon porte-manteau, et je sentais mon cheval s'affai-
blir sous ce poids. Je fus trouver mes vieux grognards
et leur proposai de m'en débarrasser.

« Donnez-moi vingt francs d'or, leur dis-je, et je
vous donnerai vingt-cinq francs d'argent. »

Tous s'en firent un plaisir et me débarrassèrent si
bien que toute ma fortune se monta à soixante-huit
napoléons.

Le roi de Naples arriva devant Vilna le 8 décembre,
et nous avec la Garde, le 10. Les portes de la ville
étaient barricadées avec de fortes pièces de bois. Il
fallut des efforts inouïs pour escalader et pénétrer dans
l'intérieur. C'est là que le froid fut le plus rigoureux.
L'ennemi nous serrait de près et ne nous donnait pas le

temps de nous reposer. A peine je venais de me loger avec un de mes camarades dans un collège dont les classes étaient bien chauffées, que j'allai trouver le général Monthion pour prendre ses ordres.

« Tenez-vous prêt, me dit-il, pour demain à quatre heures du matin; nous sortirons de la ville, car l'ennemi arrive sur les hauteurs, et nous serons bombardés au point du jour. »

De retour à mon logement, je fis mes préparatifs et engageai mon camarade à en faire autant; mais il n'entendait pas de cette oreille : le malheureux se trouvait si chaudement après avoir été gelé, qu'il préférait rester au pouvoir de l'ennemi. A trois heures, je fus le trouver :

« Allons, lui dis-je, partons !

— Non, je reste.

— Je te tue, si tu ne me suis pas.

— Eh bien ! tue-moi ! »

Je fus obligé de dégaîner. Je lui appliquai de si forts coups du plat de mon sabre, que je le forçai de se lever et de me suivre. C'était un de mes bons camarades que je ne voulais pas, pour tout au monde, laisser au pouvoir de l'ennemi.

Il était temps, car au moment où nous nous apprêtions à partir, les Russes faisaient tous leurs efforts pour prendre la ville. Heureusement l'intrépide Ney, aidé de la Garde impériale, les arrêta quelque temps, en déployant ses ailes à droite et à gauche de la Vilna. On ne peut se faire une idée juste de ce que nous perdîmes ce jour-là.

Mais j'ai hâte d'en finir sur des tableaux aussi affligeants. Le roi de Naples, qui avait remplacé l'Empereur, parti de Smorgoni à Paris, depuis le 5 décembre, nous quitta aussi. Le prince Eugène prit le commandement et réunit nos débris à Kœnigsberg, où l'on s'arrêta. Là, dans toutes les rues, sur toutes les places, nous trouvions des factionnaires prussiens, qui insultaient nos malheureux soldats désarmés. Toutes les portes nous étaient fermées. Le froid et la faim nous décimaient encore. Je me rendis de suite à l'Hôtel de Ville, dont l'accès était devenu très difficile. Je montrai ma décoration et mes épaulettes. On nous fit passer par une croisée, et une fois entrés, on nous donna trois billets de logement. En arrivant à notre gîte, nous trouvâmes tout le monde à dîner. Il se fit un profond silence; personne ne nous adressa la parole. On nous regardait presque avec effroi. Sans me déconcerter, je tirai vingt francs de ma poche, et je dis :

« Faites-nous donner à manger ; nous vous paierons trente francs par jour.

— Ça suffit, répondit le maître. Je vais vous faire allumer un poële dans cette chambre, et vous faire donner de la paille et des draps. »

On nous servit sur-le-champ un potage; puis on nous donna à manger pour le prix que j'avais indiqué, non compris le café, qui nous coûtait un franc par tête. Le propriétaire de la maison eut aussi la volonté de loger nos chevaux et de leur faire donner des rations de foin et d'avoine, ce dont les pauvres bêtes étaient privées depuis Vilna. Quel bonheur pour ces

braves chevaux de mordre dans une botte de foin !
Quel bonheur pour nous de coucher sur de la paille et
d'être bien chauffés !

Je fis venir un médecin que je consultai sur mon
pied gauche, qui était entièrement gelé. Il décida
qu'on fendrait ma botte, qu'on entourerait le pied
malade avec des linges, et qu'on le chausserait ensuite
dans une botte fourrée en peau de lapin. Un bottier fut
appelé, et je lui expliquai ce qu'il me fallait :

« Faites-moi ma nouvelle botte cette nuit même,
lui dis-je, et je vous donne vingt francs.

— Demain à huit heures, vous l'aurez, me répondit-
il. » En effet, le lendemain à l'heure dite, le médecin
et le bottier arrivaient ensemble. Ma botte fut fendue,
et on en retira mon pied, qui semblait celui d'un
nouveau-né, dépouillé de sa peau et de ses ongles. Je
le montrai aux maîtres de la maison, qui m'offrirent
du linge bien blanc et très fin pour l'envelopper.
Lorsque mon pied fut pansé et emprisonné dans sa
nouvelle botte bien fourrée, je demandai au médecin le
prix du service qu'il venait de me rendre.

« Ce service ne se paie pas, me dit-il. Mais...

— Pas de mais. »

Je lui tendis la main et il ajouta :

« Retenez bien ceci, je vais vous donner un moyen
de vous guérir complètement : votre pied va craindre
tout à la fois le froid et la chaleur. Préservez-le de l'air
et laissez-le longtemps enveloppé comme il est. Mais,
dès que vous serez arrivé à la saison des fraises,
écrasez-en deux ou trois livres dans un plat ; faites-

vous une compresse. Renouvelez ce remède assez souvent, et vous ne ressentirez jamais de douleur. »

Je remerciai affectueusement cet excellent homme.

« Et vous, monsieur le bottier, m'écriai-je, voilà les vingt francs que je vous ai promis.

— Pas du tout, me dit-il, mes déboursés seulement, c'est tout ce qu'il me faut.

— Combien, lui dis-je.

— Dix francs.

— Ah ça ! vous vous êtes donc entendus tous deux ; buvons alors un verre de punch au rhum.

— Merci, dirent-ils, vous n'avez pas besoin de dépenser inutilement votre argent. Adieu. »

Et ils partirent. Je suivis exactement l'ordonnance du médecin ; il m'en coûta près de douze francs de fraises, mais je dois dire que je ne m'en suis jamais ressenti. Après avoir quitté ces braves gens, je me rendis au palais pour prendre les ordres du comte Monthion, chez qui je trouvai le prince Eugène et le prince Berthier. Le comte Monthion profita de ma présence pour dire au major général qu'il désirait avoir pour aide de camp le vaguemestre Contant, et pour vaguemestre le lieutenant Coignet.

« Coignet, dit-il, est un bon serviteur, il a rendu d'excellents services à l'armée par sa sévérité dans l'ordre de marche des équipages. Il a exécuté avec beaucoup de discernement l'ordre que je lui avais donné de faire brûler tous les équipages qui nuisaient à l'armée ; j'ai besoin de lui comme vaguemestre pour continuer cette exécution. »

Le prince de Wagram me nomma à l'emploi de vaguemestre du grand quartier général de l'Empereur, en date du 28 décembre 1812. Toutes mes craintes se dissipèrent alors, et je ne redoutais plus de passer dans la ligne, sûr que j'étais de rester près de l'Empereur. Cependant il ne se faisait guère faute de me donner des missions dangereuses. Fallait-il changer le mot d'ordre, sur-le-champ, il faisait appeler le vieux grognard.

« Pars, me disait-il, et reviens, si tu peux. »

Les ordres qu'il me donnait étaient écrits en chiffres pour que l'ennemi ne pût en profiter. Je revenais toujours sans blessure ; aussi me regardait-il comme un gaillard heureux, bon à lâcher dans le besoin. Et, quand je rentrais, j'étais payé d'un sourire gracieux qu'il me jetait à la dérobée. Sa parole était brève ; il était vis-à-vis de nous dur et sévère, mais en même temps bon et juste. Je me tenais toujours à distance, et j'avais le frisson, quand il me parlait. Telle était l'impression que faisait en moi cet homme que j'aimais de toute mon âme, et que la France doit toujours vénérer.

L'armée séjourna peu de jours à Kœnigsberg, le temps de rassembler tous les débris de cette Grande Armée réduite à si peu de monde. De là, nous nous mîmes en marche sur Berlin, qui fut assez promptement évacué. Puis on se retira sur Magdebourg.

Vers ce temps, je reçus un ordre ainsi conçu : « Monsieur Coignet, je vous envoie ci-joint un exemplaire du *Moniteur*, qui contient les dispositions prescrites par l'Empereur, relativement aux équipages de l'armée. Le prince vice-roi se propose de faire un ordre du jour à ce sujet, mais en attendant vous veillerez à ce que les personnes qui ne doivent plus avoir de voitures soient prévenues que celles-ci seront brûlées le 15 du présent mois. *Signé :* Le général de division, chef d'état-major du major général, comte Monthion. »

Après avoir lu cet ordre, je me rendis chez mon général :

« Voilà un ordre bien sévère, dis-je, je vais débarrasser l'armée de bien des entraves, c'est vrai. Mais, si je ne fais de grâce à personne, comme c'est mon devoir, je vais me faire bon nombre d'ennemis.

— Je vous donnerai des gendarmes, et je vous seconderai, me dit-il. Pas de grâce surtout ; que toute voiture non autorisée soit brûlée. Il faut en finir avec tous ces gaillards ; vous leur prendrez tous les chevaux qu'ils ont volés, et vous les remettrez à l'artillerie ; vous ne leur laisserez que leurs chevaux de bât. Qu'ils viennent se plaindre à moi, s'ils l'osent ; ils verront comme je les recevrai. Allez, mon vieux grognard, le prince compte sur vous. »

Je fis faire des plaques de fer blanc pour les personnes qui avaient le droit de conserver des voitures, avec les noms et titres gravés sur la plaque. Je les distribuai le plus promptement possible. Et tout ce qui ne portait pas cette sauvegarde fut impitoyablement brûlé.

Après avoir créé une armée nouvelle en moins de

trois mois et s'être fait précéder en Allemagne de 600 pièces de canon, de 2.000 caissons attelés et de toutes les ressources en hommes que lui fournissaient les levées anticipées de conscrits, les vieux régiments tirés de l'Espagne, les gardes d'honneur, la gendarmerie, et même les corps de la marine, Napoléon quitta Paris le 15 avril 1813, et arriva le 17 à Mayence. Indépendamment de la Garde, il organisa la Grande Armée en douze corps qui se concentrèrent entre Leipzig et la Saale. Dès le 18, la Garde occupait Eisenach, d'où elle se porta le 26 à Weimar. Le but de l'Empereur était d'opérer sa jonction avec le vice-roi. Mais il fut trompé dans son attente : les Russes et les Prussiens se portèrent au-devant de Napoléon à marches forcées pour le surprendre, longèrent notre gauche et se dérobèrent à la vigilance du vice-roi.

Dès qu'ils eurent atteint l'Empereur, ils lui livrèrent bataille. A peine se vit-il attaqué qu'il fit toutes ses dispositions et dépêcha un aide de camp au prince Eugène pour le prévenir qu'il était aux prises avec l'ennemi. Aussitôt le prince lève son camp, marche en avant, et vient trouver l'Empereur qui le reçoit dans ses bras comme un sauveur.

« Tenez bon, lui dit Eugène, avant peu je vous dégagerai. »

En effet, il part au galop, arrive à la tête de ses colonnes, traverse des marais où rien ne l'arrête, prend l'ennemi en flanc, le force à la baïonnette, et dégage l'Empereur. L'ennemi battit en retraite sur la route de Lutzen, laissant beaucoup de monde sur le champ de bataille. Ce fut le triomphe du prince Eugène : là il se couvrit de gloire, là il sut inspirer à nos jeunes conscrits tout l'aplomb des soldats les plus aguerris. L'Empereur se rendit à Naumbourg le 28 avril, et, le 1ᵉʳ mai, l'armée continua sa marche sur Leipzig.

Le 3ᵉ corps formait l'avant-garde sous les ordres du maréchal Ney. Vers neuf heures du matin, il se trouva en présence de l'avant-garde russe et la débusqua vivement de ses positions.

L'armée française bivouaqua entre Lutzen et Pegau, et, le lendemain 2 mai, eut lieu la mémorable bataille de Lutzen, dont le succès est dû entièrement à l'infanterie française, à nos valeureux conscrits qui, sans être soutenus par aucune cavalerie, mirent en déroute complète les armées russes et prussiennes. On ne peut se faire une idée de l'acharnement de nos troupes près du village de Kaya. Les Russes en avaient rasé les murs pour faire des redoutes, semé les abords de sauts-de-loup et de chausse-trapes ; mais tous ces pièges furent inutiles.

Napoléon, placé sur une colline, dominait le champ de bataille et pouvait suivre de l'œil tous les mouvements de ses troupes. Le soir, je fis parquer les équipages, aidé par une forte escorte de gendarmerie. Je faisais former un grand carré ; dans l'intérieur étaient placés tous les chevaux. Les voitures disposées bout à bout rendaient le carré impénétrable. Il y en avait encore qui n'avaient aucun droit d'être à l'armée ; je me réservais de les pincer plus tard, au passage du premier pont. L'occasion ne tarda pas à se présenter.

Le 3 mai, l'armée passa l'Elster. Le quartier général arriva à Nossen, le 7, et, le 8 au matin, il parut devant Dresde où l'armée entra à midi. Le 12, l'Empereur fut à la rencontre du roi de Saxe, qui revenait de Prague où il s'était retiré ; il le conduisit jusqu'à son palais, au bruit des cloches et des salves d'artillerie.

Avant d'entrer dans la ville, je me portai au passage du pont. J'avais reçu l'ordre de ne laisser passer que les équipages des états-majors des corps d'armée. Cet ordre était dur : il fut pourtant exécuté en tous points. Sur-le-champ je faisais dételer toute voiture qui ne portait pas ma plaque. Ce qu'il y avait de plus curieux c'était de voir des officiers subalternes, des sergents-majors même, qui se présentaient au passage montés sur de beaux chevaux. Je faisais descendre tous ces nouveaux cavaliers et m'emparais de leurs montures.

Je saisis également une foule de voitures traînées par des bœufs. Les chevaux sellés et bridés étaient envoyés d'abord à l'artillerie, qui faisait son choix, puis à la cavalerie pour la remonter un peu. Les bœufs furent conduits au grand parc. Tout ce butin était de bonne prise. Quelques juifs (il s'en trouve partout) venaient parfois me montrer de l'or tout neuf, et me marchandaient quelques prises. Je cherchais d'abord à les éconduire avec quelques mots énergiques. S'ils insistaient, je leur répondais à coups de plats de sabre sur le dos. Enfin mon exactitude et ma fermeté furent telles qu'il en fut parlé jusque dans le cabinet du major général :

« A présent, lui dit le général Monthion, le vieux grognard fait marcher tout le monde à pied.

— Fais-le venir, répondit Berthier, et dis-lui que je le nomme capitaine à l'état-major général de l'Empereur, sans que pour cela il cesse les fonctions qu'il remplit en ce moment. »

Le soir, comme je rentrais à l'hôtel, mon général, sitôt qu'il m'aperçut, se mit à rire et me dit en s'approchant :

« Eh bien, grognard, as-tu fait une bonne journée ?

— Oui, général, j'ai envoyé aujourd'hui deux cents chevaux attelés à l'artillerie et deux bœufs au grand parc.

— Très bien ! alors, capitaine, allons dîner, ça nous donnera des forces pour monter demain à cheval.

— Pardon ! mon général ; mais vous m'appelez capitaine...

— Pardieu ! tu l'es bien, mon brave. Le major général vient de te nommer, il y a une heure, sur mon rapport. Allons, embrasse ton général, ce sera un brevet provisoire en attendant l'autre. Je me réjouis d'autant plus de ta nomination que tu vas continuer tes fonctions auprès de l'Empereur. Procure-toi vite des épaulettes de capitaine.

— Oh ! général, pour cela, ça ne m'inquiète pas. J'ai permis l'autre jour à un passementier de Paris de s'installer dans la grand'rue, et, si vous le permettez, j'irai le trouver.

— Pars tout de suite. »

J'y courus tout de suite.

Le lendemain, je parus à la table avec mes belles épaulettes et une torsade neuve à mon chapeau. Les épaulettes m'avaient coûté 220 francs, mais aussi c'était ce qu'il y avait de plus beau. Après le déjeuner je montai à cheval et, à la suite de mon général, avec son aide de camp, je poussai une reconnaissance sur la route de Bautzen afin de voir l'emplacement destiné à l'armée ; compte devait être rendu ensuite à l'Empereur.

A la suite d'une conférence tenue, au retour, chez Sa Majesté, des officiers d'état-major furent expédiés, la nuit, pour porter des ordres sur toute la ligne. L'armée russe était devant nous. Le 20 mai, à huit heures du matin, Napoléon ordonna de commencer le feu. Une canonnade des plus vives s'engagea vers midi et dura cinq heures sans interruption. A sept heures, la victoire se déclarait pour nous et deux heures après l'Empereur établissait son quartier général à Bautzen. Le lendemain, dès cinq heures du matin, le canon recommençait à gronder, et l'action s'étendait sur une ligne encore plus vaste. Vaincu sur tous les points, l'ennemi se décida enfin à battre en retraite et s'enfuit en laissant sur le carreau 18.000 hommes tués ou blessés et 3.000 prisonniers.

Le 22, à quatre heures du matin, l'armée se mit à la poursuite de l'ennemi, qui s'était replié sur les hauteurs, entre Reichenbach et Markersdorf ; il fut délogé de cette position après une chasse meurtrière que lui donna la cavalerie de Latour-Maubourg. C'est sur ce plateau que le général de cavalerie Bruyères eut les deux jambes emportées par un boulet. Comme nous poursuivions les Russes sur la grande route, deux coups de canon retentirent près de nous sur la droite. L'Empereur s'arrêta aussitôt et envoya Duroc s'assurer de ce que c'était : Duroc, accompagné du général Kirgener, se dirigea vers un monticule en avant de Markersdorf ; il gagnait à peine cette hauteur qu'un nouveau boulet parti de la droite venait ricocher près d'eux et atteindre les deux généraux. Kirgener mourut sur le coup. Duroc ne lui survécut que quelques heures.

Aussitôt qu'il apprit ce malheur, l'Empereur ordonna que la Garde suspendît la marche et fit dresser les tentes du quartier impérial sur le côté droit de la route ; puis, rentré dans le carré de la Garde, il y passa le reste de la soirée, assis devant sa tente, la tête baissée et les mains jointes.

Nous étions là tous autour de lui, silencieux, immobiles, dans l'attitude de la douleur. Les maréchaux et les principaux officiers de l'armée fixaient tristement les yeux sur l'Empereur.

« Pauvre homme ! se disaient entre eux les vieux grenadiers, il a perdu son meilleur ami. »

A la nuit close, l'armée ayant pris ses positions, Napoléon sort du camp, accompagné seulement du prince de Neufchâtel, du duc de Vicence et du docteur Yvan. Il veut revoir son cher Duroc et l'embrasser une dernière fois. Jamais on ne vit scène plus déchirante : aucun de ceux qui en étaient témoins ne put contenir son émotion. L'Empereur, de retour au camp, en proie à une douloureuse agitation, se promena seul, toute la nuit, devant sa tente.

Le 4 juin, après de nombreuses conférences avec les parlementaires russes et prussiens, un armistice fut conclu à Plesswitz. L'Empereur repartit immédiatement pour Dresde. De là il alla visiter Torgau, Wittemberg, Magdebourg, Luben, pour se rendre ensuite à Mayence où il avait donné rendez-vous à Marie-Louise. Le 4 août, il revint à Dresde. L'armistice fut rompu presque aussitôt, et l'Autriche fit connaître sa réunion aux puissances coalisées. Les forces dont Napoléon disposait se trouvaient singulièrement réduites. Nous n'avions que 312.000 hommes et 1.200 pièces de canon. Les armées ennemies formaient ensemble 800.000 combattants, avec plus de 1.800 bouches à feu.

L'Empereur se porta le 18 sur Görlitz avec toute la Garde. Arrivé le 21 à Löwenberg, il se décida à prendre immédiatement l'offensive. Aussitôt des nouvelles de Dresde l'obligèrent à revenir précipitamment vers cette ville. Cette capitale fut attaquée très vivement, le 26, à quatre heures du soir. Les alliés ignoraient le retour de Napoléon qui rentrait en ce moment à Dresde avec la Garde et le 1er corps de cavalerie. L'attaque fut repoussée de toutes parts, les Français reprirent partout l'offensive, tandis que Napoléon parcourait au galop le champ de bataille afin de se montrer à ses soldats. On dit qu'à la vigueur de la contre-attaque, Schwartzemberg reconnut son maître et s'écria :

« Napoléon est à Dresde ! Le moment favorable est passé ! »

L'affaire avait été chaude, cinq généraux de la Garde étaient blessés. Le lendemain, 27, on nous donna de bonne heure l'ordre d'attaquer. La pluie, qui tombait par torrents, ne put arrêter un seul instant l'ardeur de nos braves. L'Empereur se multipliait : présent partout, il dirigeait tous les mouvements, encourageait tous les efforts. La Garde, postée dans une rue de la ville, ne pouvait sortir pour déboucher dans la plaine sans être foudroyée par une redoute qu'occupaient 800 Autrichiens et qui faisait face à la porte de sortie. La batterie ennemie était à cent pas environ des palissades de l'enceinte. Elle inquiétait la ville et condamnait la Garde à l'inaction ; il importait de s'en rendre maître. L'Empereur se décida à la faire enlever de vive force.

Il fait venir un capitaine des fusiliers de la Garde, nommé Gagnard et natif d'Avallon. Ce brave officier se présente, la figure légèrement de travers.

« Qu'as-tu à la joue ? lui demande l'Empereur.

— C'est mon pruneau, Sire.

— Tu chiques donc !... Eh bien, tu vois cette redoute... Tu vas l'attaquer et la prendre, ou fais-toi tuer avec tes hommes.

— Ça suffit, Sire. »

Gagnard part aussitôt avec ses fusiliers. Il longe les palissades en marchant par le flanc. Arrivé à la barrière de la redoute, sa compagnie fait halte et lui se présente seul pour passer. L'officier ennemi, qui tenait la barre des deux portes, voyant arriver un homme seul, ouvre sans défiance, et croit avoir affaire à un officier qui vient se rendre. Mais Gagnard, sans perdre de temps, lui passe son sabre au travers du corps et appelle sa compagnie qui entre dans la redoute, et les Autrichiens mettent bas les armes. La pluie nuisait à la fusillade, aussi se rendirent-ils à discrétion. Gagnard revint triomphalement avec ses prisonniers au milieu de sa compagnie.

Je courus au-devant de ce vieux et brave camarade (nous avions été de la même compagnie), je l'embrassai avec effusion et, le prenant par le bras, je le conduisis auprès de l'Empereur.

« C'est très bien, mon brave, lui dit Napoléon ; je suis content de toi, tu vas passer dans mes vieux grognards. Je fais ton lieutenant capitaine, ton sous-lieutenant lieutenant, et ton sergent-major sous-lieutenant. Va prendre soin de tes prisonniers que je confie à ta garde. »

Il pleuvait si fort en ce moment que le chapeau de l'Empereur, trempé d'eau, lui tombait sur les épaules.

L'Empereur, d'une redoute établie sur une hauteur, dominait la plaine et suivait les mouvements des deux armées. Nos troupes se trouvaient rangées en ligne dans une vallée qui faisait face à un rideau très élevé. Trois officiers, dont je me trouvai, furent chargés de porter les ordres sur tout le front de bataille. L'Empereur se porta vers une batterie de la Garde dont il dirigea le feu vers ce rideau élevé. Tout à coup un mouvement extraordinaire s'y fit remarquer. Le général Moreau, récemment revenu d'Amérique en Europe, tombait au milieu de l'état-major russe, entre l'empereur de Russie et le roi de Prusse, atteint par un boulet français.

A trois heures de l'après-midi, l'armée française était victorieuse sur tous les points et les Alliés précipitaient leur retraite par des chemins de traverse et des défilés presque impraticables. Ils avaient perdu plus de 40.000 hommes tant tués que prisonniers, 26 canons et 18 drapeaux. Napoléon les poursuivit jusqu'à Pirna. Au moment d'entrer dans cette place, il fut pris de vomissements causés par les fatigues qu'il avait éprouvées depuis cinq jours. Il fut obligé de rentrer à Dresde pour se rétablir. Bientôt les défaites de Vandamme à Teplitz, de Macdonald sur la Katzbach, et d'Oudinot à Gros-Beeren firent perdre les fruits de la brillante victoire de Dresde.

L'Empereur apprit alors la défection de la Bavière ; il abandonna la résolution de marcher sur Berlin et dirigea toutes ses forces sur Leipzig ; il y arriva le 15 octobre. L'armée française comptait encore 156.000 hommes, celle des Alliés 350.000 hommes. Malgré cette grande disproportion aucun de nous n'avait peur et nous étions prêts à livrer bataille.

Le 16 octobre, à neuf heures du matin, la bataille commença ; elle dura toute la journée et finit à notre avantage. Le 17, les deux armées restèrent en présence, mais il n'y eut aucun engagement. A midi, l'Empereur me fit porter un ordre par un aide de camp : il m'ordonnait de partir avec sa Maison, com-

posée de dix-sept attelages, de tous ses piqueurs, avec
le trésor et les cartes de l'armée. Je traverse la ville
et j'arrive sur le champ de bataille, à gauche, près
d'un grand enclos à couvert de l'ennemi. J'avais
l'ordre de ne pas bouger et d'attendre là de nouvelles
instructions. Me voilà établi et les marmites sont au
feu.

Le lendemain, 18 octobre, de grand matin, les Alliés
prirent encore l'initiative de l'attaque. J'apercevais du
fond de mon enclos les divisions françaises qui s'ébranlaient et se portaient en ligne vers le lieu du combat.
De ma position, je découvrais toute l'étendue du front
de bataille. De fortes colonnes autrichiennes débou-
chaient des forêts voisines et dirigeaient leurs masses
sur notre armée. Voyant passer une division d'infanterie saxonne qui marchait sur l'ennemi avec douze
pièces de canon, je donne l'ordre à tous les attelages
d'avaler la soupe en toute hâte, de brider et de se tenir
prêts à partir.

« Je vais, dis-je au premier piqueur, monter à cheval
pour suivre un peu ce grand mouvement ; veillez bien,
il ne faut pas nous laisser surprendre. »

Je pars au galop sur la ligne ; je suis le centre de
la division saxonne qui marche en bataille. Je n'ai
pas encore fait un quart de lieue que la division fait
demi-tour. « Mais, me dis-je, les voilà à demi-portée
de canon, et ils ne tirent pas sur l'ennemi. » Cinq
minutes après, ils nous font entièrement face et se
mettent à nous envoyer leurs bordées ! Surpris de cette
attaque lorsque je me croyais en pleine sécurité der-

rière nos alliés, je me vois assailli de tous côtés par les projectiles ennemis.

Pourtant pas une de leurs balles ne me toucha, ni moi ni mon cheval. Je tournai bride et m'éloignai. Grâce à la vigueur de ma monture, je pus rejoindre mon poste que je n'aurais pas dû quitter. C'est par excès de zèle que j'ai failli périr ce jour-là !

L'Empereur, instruit de la défection des Saxons, y remédia promptement. Ma position était des plus critiques ; je fis monter à cheval. Deux minutes après, un aide de camp arriva au galop :

« Partez de suite, capitaine ; portez-vous derrière l'Elster. C'est l'ordre de l'Empereur. Longez les boulevards, et suivez les défilés de la grande chaussée. Mettez-y toute la célérité possible. Les Saxons viennent de nous tourner le dos. »

Je le savais avant lui. Il n'avait pas achevé que je donnai l'ordre à mes gens de démarrer ; les voitures s'ébranlèrent aussitôt. Je plaçai le premier piqueur à la tête de mes dix-sept attelages ; je surveillai et activai le mouvement. Nous marchions vite, mais sans aucun désordre. Arrivé près du boulevard, je trouvai une pièce de canon attelée de quatre chevaux et deux cavaliers auprès.

« Que faites-vous là ? leur criai-je.

— Ils sont morts, me répondirent-ils en italien. Ils n'avaient probablement pas compris ma question ; j'ajoutai aussitôt avec un geste significatif :

« En avant ! Placez-vous à la tête des voitures de l'Empereur ; je vous sauverai. Allons, au galop ! »

J'étais fier d'être maître de cette pièce et de pouvoir l'utiliser au besoin, pour m'ouvrir un chemin. Une fois défilant sur le premier boulevard, je donne l'ordre à nos gens de ne pas se laisser couper ; mais j'ignorais le grand péril où nous allions nous jeter. Parvenu sur le second boulevard, je bourre ma pipe et je vais, pour demander du feu, à un bivouac sur ma droite, au bas côté de la promenade. Ma pipe n'est pas sitôt allumée qu'un obus tombe près de moi. Mon cheval fait un saut et se cabre ; je ne perds pas l'équilibre. Mais voilà les boulets qui nous prennent en flanc et qui traversent mes voitures.

Le vent soufflait avec violence. Ne pouvant plus tenir mon chapeau sur la tête, je le prends et le jette dans la première voiture venue. Libre alors, je tire mon sabre, et me portant le long des attelages, je criai à tous les piqueurs :

« Maintenez vos positions ! »

Je parlais très haut à dessein, pour que les postillons eux-mêmes m'entendissent, et j'ajoutai :

« Celui qui mettra pied à terre, pas de quartier ! Il faut lui brûler la cervelle. Vos pistolets au poing ! Quant à moi, le premier qui bronche, je lui fends la tête. Il faut savoir, au besoin, braver les périls et mourir à son poste. Les voitures de notre Maître nous sont confiées, sauvons-les. »

Deux de mes piqueurs avaient été atteints, mais légèrement. Un coup de mitraille avait enlevé deux boutons à l'un et percé l'habit de l'autre ; j'avais reçu dix boulets dans mes voitures. Un seul cheval était blessé. Mais tout cela était peu de chose, et cinq minutes après cette suée, me trouvant hors de danger, je n'y pensais plus.

J'arrive à l'embouchure du défilé qui longe la promenade, et où se trouve un petit pont de pierre, qui franchit les eaux des marais situés sur le flanc droit de la ville. C'était le seul endroit par où je pouvais passer. Il fallait traverser ce ponceau pour gagner la chaussée qui aboutit au grand pont sur l'Elster. Je délibérais sur les moyens à prendre, lorsque je vois devant moi un parc d'artillerie qui enfile le petit pont ; je pars au galop. Je trouve le colonel qui fait défiler ses canons. Je l'aborde :

« Colonel, au nom de l'Empereur, veuillez me prêter votre concours ; voici les voitures de l'Empereur, le trésor et les cartes de l'armée, et j'ai ordre de les conduire au delà du fleuve.

— Très bien, mon brave, me dit le colonel ; sitôt passé, tenez-vous prêt. Je vous laisserai vingt hommes pour vous aider à traverser le pont.

— J'ai rencontré une pièce qui était abandonnée là-bas. Je l'ai prise, je vous la remets toute attelée avec deux artilleurs.

— A merveille : allez, dit-il à deux de ses canonniers, allez chercher la pièce et amenez-la moi. »

Je retourne au galop vers mon convoi.

« Nous sommes sauvés ! dis-je aux piqueurs. Nous passerons ; faites atteler. »

Je fais conduire la pièce ramassée et je la remets à cet aimable colonel. De retour à la tête du petit pont où mes voitures arrivaient, je trouvai les vingt artilleurs promis par le colonel et, avec leur aide, le passage s'effectua sans embarras et sans retard. Le pont traversé, je remerciai les canonniers et les priai de rejoindre leur corps. Ils partirent au galop et ils allaient si vite que, parvenu à l'entrée du grand défilé, je n'apercevais plus rien du parc d'artillerie : tout avait filé derrière la montagne pour y prendre position. Je rencontrai seulement les ambulances de l'armée, commandées par un colonel de l'état-major de l'Empereur ; ces voitures occupaient le milieu de la chaussée. Mon premier piqueur pria le colonel de vouloir bien nous céder la moitié de la chaussée.

« Je n'ai pas d'ordres à recevoir de vous ! »

Telle fut la réponse sèche et brusque qui lui fut faite.

« Je vais, répartit le piqueur sans se déconcerter, faire part de votre refus à l'officier qui commande le convoi.

— Qu'il vienne, répondit le colonel d'un ton dédaigneux, je l'attends. »

Mon piqueur arrive et me rend compte. Je pars au galop et je prie le colonel de me céder la moitié du chemin. Il me répond d'abord qu'il ne le peut pas.

« Vous venez bien de le faire pour le parc d'artillerie, lui dis-je un peu vivement, car ma tête commençait à s'échauffer : vous pouvez bien continuer d'appuyer à droite, afin de nous laisser passer.

— Je n'ai pas d'ordres à recevoir de vous !

— Est-ce votre dernier mot, colonel ?

— Oui.

— Eh bien, au nom de l'Empereur ! appuyez à droite de suite, ou je bouscule votre cheval. »

Et, tirant mon grand sabre, j'appuyai ces mots d'un mouvement énergique, poussant du poitrail de mon cheval celui du colonel :

« Faites appuyer à droite, vous dis-je ! »

En voyant que je le serrais de si près et que j'avais le bras levé, il fit mine de mettre la main à son épée.

« Si vous dégaînez, ajoutai-je, vous êtes mort, je vous fends la tête ! »

Il appelle des gendarmes à son secours. Mais ils ne se pressaient pas de venir et s'en défendaient même en disant :

« Vous avez affaire au vaguemestre de l'Empereur, démêlez votre histoire avec lui, cela ne nous regarde pas. »

Le colonel hésitait ; mais, moi, sans hésiter et me retournant vers ses ambulances, je criai d'une voix de tonnerre :

« Appuyez à droite, où je vous coupe la figure à tous. »

L'énergie de mes ordres acheva de vaincre les résistances et tout le monde obéit. Ma route déblayée, je repassai devant le colonel qui me dit d'un air courroucé :

« Je rendrai compte de votre conduite à l'Empereur.

— Faites votre rapport, je ferai le mien, et je n'irai qu'après vous, je vous en donne ma parole. »

Je passai le grand pont de l'Elster ; à gauche est un moulin, et entre le pont et le moulin, se trouve un gué où toute l'armée pouvait facilement passer. Cet endroit est le seul qui permette de traverser sans danger cette rivière, peu large, mais encaissée et très profonde. Je grimpai sur le plateau avec mes dix-sept voitures. Là j'attendis les ordres de mon Empereur, que j'avais laissé à Leipzig.

Quand la nuit vint, les deux armées occupaient les mêmes positions que le matin ; nos troupes avaient vaillamment soutenu et repoussé les attaques de quatre armées réunies. Les munitions commençaient à manquer. L'armée avait tiré, dans la journée, quatre-vingt-quinze mille coups de canon, il nous restait à peine seize mille boulets. Il était donc impossible de conserver le champ de bataille ; il fallut se résigner à la retraite à huit heures du soir.

L'Empereur quitta son bivouac pour rentrer à Leipzig, et s'établit à l'auberge des *Armes de Prusse*, où il passa la nuit à dicter des ordres. Nous l'attendions. Il ne vint que le lendemain ; mais le comte Monthion fut dépêché pour donner des ordres aux troupes de mon côté. Il me fit appeler :

« Eh bien ! Et vos voitures ? Comment vous êtes-vous tiré de cette bagarre ?

— Bien, mon général, toute la Maison de l'Empereur est sauvée, le trésor et les cartes de l'armée, tout enfin. Rien n'est resté en arrière, j'ai tout conservé. Mais dix boulets ont entamé mes voitures et deux piqueurs sont légèrement blessés.

— Et votre chapeau ?

— Je l'ai jeté dans une voiture où je ne peux plus le retrouver. »

Puis je lui contai mon affaire du défilé avec le colonel.

Il me dit qu'il en ferait son rapport à l'Empereur.

« Soyez tranquille, ajouta-t-il, je verrai l'Empereur demain matin. Qu'il se présente, le colonel, lui qui devrait être encore sur le champ de bataille pour ramasser nos généraux blessés et tombés au pouvoir de l'ennemi. Il va avoir un savon de l'Empereur. Vous étiez à votre poste et lui n'était pas au sien.

— Mais, général, c'est que je l'ai mené dur. Comme il refusait de me laisser passer, j'ai menacé de lui fendre la tête ; et je crois que s'il avait été mon égal, je l'aurais, en effet, sabré sur-le-champ. Mais c'était un officier supérieur et, bien qu'il m'eût mal répondu, j'ai toujours eu tort ; je lui ai manqué de respect.

— Ne craignez rien, je me charge de tout. Allez, mon brave, vous ne serez pas puni. Vous étiez autorisé de l'Empereur, et lui n'était pas à sa place. »

J'étais fou de joie d'entendre ces paroles. Sur les deux heures du matin, nous aperçûmes une espèce d'incendie qui s'élevait du champ de bataille. C'étaient les fourgons que l'on brûlait. On faisait sauter aussi les caissons que l'on ne pouvait emmener. Cet incendie, au milieu des ténèbres, était affreux à voir.

Le 19, Napoléon sortit de Leipzig. Le grand pont sur l'Elster sauta trop tôt par la faute d'un caporal du génie et vingt-cinq mille Français, avec deux cent cinquante pièces de canon restèrent au pouvoir des Alliés.

L'Empereur arriva à son quartier général très fatigué et tout défait ; il avait passé la nuit sans dormir.

« Eh bien, dit-il, Monthion, mes voitures et le trésor, où sont-ils ?

— Tout est sauvé, Sire. Votre grognard a essuyé une bordée sur les promenades ; sept voitures sont percées de dix boulets. Mais tout le convoi est arrivé.

— Fais-le venir ; il a eu une affaire sérieuse avec un colonel.

— Je le sais, répondit le général.

— Fais-les venir tous les deux ; qu'ils s'expliquent devant moi. »

Ordre est donné de nous faire venir. Le général conte l'affaire pendant ce temps-là. J'arrive près de l'Empereur, le colonel y était déjà :

« Où est ton chapeau ?

— Sire, je l'ai jeté dans une de vos voitures ; je ne peux plus le retrouver.

— Mais tu as eu des raisons avec le colonel sur la grande chaussée ?

— Je voulais doubler les ambulances ; le colonel m'a répondu qu'il n'avait pas d'ordres à recevoir de moi. Je lui ai dit : Au nom de l'Empereur, appuyez à droite ! Il venait de le faire pour l'artillerie et ne voulait pas le faire pour la Maison de mon Empereur ! Alors je l'ai menacé de lui fendre la tête ; et l'effet eût suivi de très près la menace, si nous avions eu le même grade.

L'Empereur, se tournant vers le colonel :

— Eh bien ! Qu'en dis-tu ? Tu l'as échappé belle. Tu garderas les arrêts quinze jours pour avoir quitté le champ de bataille sans mon ordre ; et si tu n'es pas satisfait, mon grognard te fera raison.

— Sire, je l'attends, répondis-je aussitôt.

— Pour toi, me dit-il, tu as fait ton devoir. Va chercher ton chapeau et reprendre ton poste. »

Combien je m'estimais heureux d'avoir été ainsi forcé d'approcher l'Empereur sans chapeau. Je courus aux voitures : mon pauvre claque était enfoui sous des banquettes, il n'avait plus forme *humaine* quand je le ramassai. Les piqueurs m'entouraient et me félicitaient.

« Je suis content de vous, Messieurs, leur dis-je ; je puis dire qu'en un jour j'ai fait de vous de bons soldats. »

Le 22, Napoléon était en marche sur Erfurth ; c'est dans cette ville que Murat quitta l'Empereur pour se rendre à Naples. Quelques jours plus tard on apprit que le général bavarois de Wrède prétendait nous couper la retraite. Napoléon se dirigea rapidement sur Hanau où les Bavarois et de Wrède nous attendaient. Arrivé devant la forêt que la route traverse aux abords de la ville, il passa la nuit du 29 au 30 octobre à faire ses dispositions. Le lendemain matin, les bras croisés, il passait devant ses vieux grognards, et leur disait :

« Je compte sur vous pour me faire de la place pour arriver jusqu'à Francfort. Tenez-vous prêts, il faut leur passer sur le ventre. Surtout ne vous embarrassez pas de prisonniers. Passez outre. Faites-les repentir de nous barrer le chemin. C'est assez de deux bataillons, un de chasseurs, un autre de grenadiers; deux escadrons de chasseurs et deux escadrons de grenadiers. Vous serez commandés par Friant. »

Et il se promenait, parlant à tout le monde. Tout cela se passait dans un grand bois de sapins qui nous dérobait aux regards de l'ennemi.

Mais nous avions affaire à forte partie : l'armée bavaroise tout entière nous était opposée, et elle comptait plus de quarante mille hommes de troupes aguerries. L'Empereur donne le signal, et nos bataillons s'élancent rapides comme la foudre : les chasseurs les premiers, les grenadiers ensuite. L'armée ennemie formait sur le plateau une masse imposante, et comme un rempart mouvant et presque inabordable. En voyant partir mes vieux camarades, le frisson s'empare de moi. Les grenadiers à cheval s'ébranlent à leur tour et commencent leur mouvement d'attaque. Je me porte aussitôt vers l'Empereur :

« Si Sa Majesté voulait bien me permettre de suivre les grenadiers à cheval ?

— Va, me dit-il, c'est un brave de plus. »

J'étais au comble de la joie ; je n'osais jamais rien lui demander, tant je craignais de lui déplaire !

On approche de l'ennemi. Mais pour aborder ces masses de baïonnettes qui se hérissent devant nous, nos vieux grenadiers à pied ont à franchir un ruisseau qui traverse la grande route. Nous sommes arrêtés un moment par cet obstacle. Si l'ennemi, profitant à ce moment de ses avantages, prend l'offensive, il faudra poser les armes sans même combattre. On enfonce dans l'eau et dans la bourbe jusqu'aux genoux. Si nous n'étions parvenus avec des efforts inouïs à surmonter cette difficulté, nous aurions forcément pris un bain un peu froid, moins froid pourtant que celui d'Austerlitz.

Une fois sauvés de là, nos troupes, les chasseurs surtout, se précipitent comme des lions sur les Bavarois. Ceux-ci, stupéfiés de tant d'audace et d'énergie, ne tiennent pas un seul instant : ils sont enfoncés au premier choc et taillés en pièces. Mais quand nous arrivâmes et que la cavalerie put faire ouvrir les rangs ennemis aux vieux grognards, le carnage redoubla. Ce fut alors le plus épouvantable spectacle que j'aie vu de ma vie ; c'était une affreuse boucherie. Je me trouvais placé à l'extrême gauche des grenadiers à cheval et je voulais suivre le capitaine pour prendre à l'affaire une part plus active.

« Non, me dit-il, vous et votre cheval, vous n'êtes pas de taille, vous gêneriez la manœuvre. »

Je fus très contrarié de cette réponse, mais je me contins et je m'éloignai de quelques pas. Bientôt, jetant un coup d'œil sur la gauche, je vis s'ouvrir devant moi un chemin qui longe le mur d'enceinte de la ville ; ce mur est si élevé qu'il masque les maisons de Hanau. Ce chemin est entre la muraille et un marais. Je m'élance au galop sur cette voie. Bientôt je me trouve en face d'un peloton de Bavarois qui arrivent sur moi, ayant à leur tête un bel et grand officier.

Me voyant seul, l'officier fond sur moi au galop. Je m'arrête aussitôt et l'attends. Il m'aborde vivement et m'envoie de sa longue épée un coup de pointe en pleine poitrine. Je pare prestement; puis, armé de mon grand sabre, je l'aborde à mon tour et le couche par terre du premier coup. Ce coup avait été appliqué si vigoureusement que mon adversaire avait la tête presque entièrement fendue en deux : il tomba comme une masse. Je me hâtai de saisir son cheval et de tourner bride au galop, car son peloton accourait faisant feu sur moi. J'arrivai comme le vent près de mon Empereur avec un petit cheval arabe qui portait sa queue en panache. Plusieurs Auxerrois se souviennent encore d'avoir vu ce superbe animal, que j'avais amené ici en 1814.

L'Empereur me voyant accourir auprès de lui :

« Comment, grognard, te voilà de retour? Mais, à qui ce cheval?

— A moi, Sire. — J'avais encore mon sabre pendant au poignet et couvert de sang. — J'ai coupé la figure à un grand officier bavarois qui portait un superbe panache. Il a fondu sur moi, j'ai paré et riposté. Il était temps, car il était brave aussi, mon adversaire. C'est lui qui m'a chargé ; il avait laissé son peloton pour courir sur moi. Ça faisait mon affaire ; je me trouvais seul.

— Mais les vieux grognards, que font-ils là-bas ?

— L'ennemi est enfoncé, la victoire est complète.
Les grenadiers à cheval et les chasseurs ont traversé
la grosse colonne bavaroise sur le chemin de Francfort. »

Et l'Empereur examine mon cheval :

« Il était jeune, cet officier?

— Oui, Sire. Du reste, je ne l'ai pas vu longtemps ;
il n'a reçu de moi qu'un seul coup.

— Te voilà bien monté ! Fais préparer toutes mes
voitures ; je vous ferai partir cette nuit pour Francfort ; je veux éviter l'encombrement. Nous ne pourrions passer tous à la fois ; ils sont les uns sur les
autres. Je vais faire déblayer la route de suite, et sitôt
le chemin libre, tu partiras avec le trésor et mes voitures. »

Les aides de camp arrivaient et confirmaient mon
récit. La victoire était complète. Et l'Empereur prenait de grosses prises de tabac. Il eut encore, ce jour-
là, quelques heures de jouissance.

Il envoya en avant tous les traînards pour déblayer
la grande route et ouvrir le passage à l'artillerie. Je
reçus l'ordre de partir sous bonne escorte. Il faisait
nuit à ne pas se voir à deux pas ; nous arrivâmes à
Francfort dans la même nuit. Je m'établis avec mes
gens sur une grande place où il y avait de belles
piles de bois, et nous pûmes faire de bons feux. Napoléon passa la nuit sur le champ de bataille. Il arriva
à Francfort le 31 octobre et le 2 novembre à Mayence,
où il me donna l'ordre de me rendre de suite. Le
9 novembre, il était à Paris. L'armée fit son entrée à

Mayence le 3. On logea dans les couvents, même dans les églises, les malheureux débris de cette grande armée naguère si belle, aujourd'hui dénuée de tout.

Là, une terrible épidémie, le typhus, vint mettre le comble à nos maux et éclaircir encore nos rangs. On me chargea du soin d'enlever les morts, mais je ne trouvai pas beaucoup d'aide dans l'accomplissement de cette triste mission, et je fus obligé d'employer jusqu'aux forçats internés dans les prisons de la ville. Encore fallait-il les menacer de mitraille pour les déterminer à marcher.

Pendant ce temps, Napoléon préparait la campagne de France, qui allait s'ouvrir.

CHAPITRE VIII

Le petit quartier général reçut l'ordre de se porter sur Metz. Nous séjournâmes assez longtemps dans cette ville. Toutes les troupes prirent aux environs leurs cantonnements d'hiver ; nous fûmes plus de deux mois dans l'inaction. L'Empereur retirait d'Espagne une bonne partie de ses troupes, un grand nombre d'officiers, et un corps de 1.200 gendarmes à pied. Enfin il mettait tout en œuvre pour former une nouvelle armée.

A Paris se réunissaient de nouveaux conscrits ; mais tout cela était bien jeune pour faire des soldats capables de tenir tête à l'Europe entière coalisée contre nous, avec tous les souverains à la tête des armées. Pourtant, si l'énergie n'avait pas abandonné la plupart de nos généraux, les ennemis, quoique plus forts en nombre auraient tous succombé et trouvé leur tombeau sur la terre de France. Mais les fatigues de la guerre les avait lassés ; la fortune et les honneurs les avaient peut-être aussi amollis ; ils ne s'occupaient plus de rien. Il est vrai que l'Empereur était à tout et partout à la fois ; d'une activité infatigable, il voyait tout de ses yeux et supportait à lui seul le fardeau de l'État et celui de la guerre.

Cependant les colonnes ennemies remontaient le Rhin pour s'abattre sur la Champagne et la Lorraine, et pour venir s'établir à Saint-Dizier. Le 27 janvier 1814, eut lieu dans cette ville un combat mémorable, une bataille sérieuse même et des plus acharnées. La ville fut littéralement criblée par la fusillade et la mitraille. On pouvait aisément compter dans le bois des portes et des contrevents les milliers de trous qu'y avaient percés les balles. Les arbres de la place étaient également hachés ; toutes les maisons furent livrées au pillage et pas un habitant ne put rester dans cette malheureuse ville.

Je reviendrai plus tard sur Saint-Dizier, qui était le point central des marches et des contre-marches des Alliés. C'est là qu'ils dirigeaient principalement leurs forces ; Saint-Dizier était devenu leur quartier général. Cependant ils furent battus là comme ailleurs. Ils perdirent beaucoup de monde et furent obligés de se retirer pour prendre position sur les hauteurs de Brienne, où l'Empereur les poussait. Là, ils tournaient le dos à leur patrie, mais ils occupaient en revanche une position formidable. Ils pouvaient nous foudroyer, et nos premiers efforts furent repoussés avec perte. Nos soldats ne pouvaient résister à l'artillerie, qui arrêtait leur marche et les ramenait à leur point de départ.

A force de manœuvrer ainsi, de piétiner toute une journée, les terres se détrempèrent, car le dégel commençait, et les troupes, pas plus que les canons, ne pouvaient avancer. Nos soldats fatiguaient d'ailleurs sur un sol effondré par les manœuvres. L'Empereur, à cheval, près d'un enclos, avec tout son état-major, se préparait à tenter un dernier coup, lorsque le prince Berthier aperçut des Cosaques sur notre droite, qui emmenaient une de nos pièces de canon, dont ils venaient de s'emparer.

« A moi ! grognard, me dit-il, au galop ! »

Nous partons comme la foudre. Les quatre Cosaques se sauvent, et les malheureux soldats du train ramènent leur pièce. Dès que nous fûmes revenus, l'Empereur dit au prince :

« Je veux coucher cette nuit au château de Brienne. Il faut que ça finisse : mets-toi à la tête de mon état-major, et suis mon commandement. »

Il s'élance aussitôt, passe devant la première ligne, et s'arrêtant au centre, s'écrie :

« Soldats ! je suis votre colonel. Je marche à votre tête, je prends le commandement. Il faut que Brienne soit pris ! »

L'air retentit des cris : Vive l'Empereur ! Mais la nuit arrivait, il n'y avait pas de temps à perdre. L'Empereur se place au milieu de l'armée ; il commande le mouvement en avant :

« Que chacun fasse son devoir, et Brienne est à nous ! »

A ces mots, tout s'ébranle, tout se met en mouvement. L'Empereur marchant à la tête de ses troupes avec tout son état-major électrisait l'armée : chaque soldat en valait quatre, ce jour-là. L'ardeur des troupes fut telle que rien ne put les contenir. Elles passèrent au pas de course devant l'état-major de Napoléon. Le grand élan était donné : il fallait vaincre ou mourir.

Au pied de la montagne qui fait face au château est la grande rue de Brienne, qui longe à gauche une côte étendue. La pente du chemin, qui borde le château, est très raide. Il fallut faire des efforts inouïs pour l'escalader. Mais tout céda devant l'intrépide valeur de nos soldats conduits par Napoléon. C'est le 29 janvier dans la soirée que Brienne fut enlevé. L'obscurité de la nuit empêchait de distinguer les combattants. On marchait les uns sur les autres sans se voir, la baïonnette en avant. Mais, le feu ayant pris aux premières maisons, à la lueur de l'incendie on put enfin se reconnaître. Le feu ne servit qu'à éclairer, c'est-à-dire à favoriser le massacre, qui fut horrible.

Toutes les hauteurs furent enlevées à la baïonnette ; les Russes, entassés dans la grande rue de Brienne, furent mis en déroute sur tous les points. Nos troupes de gauche montèrent si rapidement qu'elles se heurtèrent dans l'état-major de Blücher, qui fuyait. Le général prussien fut sur le point d'être pris. Au nombre des prisonniers se trouvait un neveu du chancelier de Prusse ; c'est lui qui nous apprit que nous venions de disperser l'état-major général prussien. Nos cavaliers se mirent à la poursuite de Blücher ; mais le vieux maréchal, quoiqu'entouré plusieurs fois, se défendit vaillamment et grâce à son énergie et à son intrépidité, il parvint à s'échapper.

Notre victoire était complète. Mais l'Empereur l'avait échappé belle, le matin. Comme il se portait partout au milieu des ténèbres, c'est à peine si nous pouvions le distinguer. Il voulait gagner le village de Mézières. Il faisait une nuit très profonde. Dans ce moment une bande de Cosaques pillards rôdait entre le village et la ville, cherchant quelque occasion de butin. Le bruit du pas des chevaux de l'état-major impérial les fit accourir. Ils se ruèrent d'abord sur un des généraux de la suite, qui cria : « Aux Cosaques ! »

Pendant qu'il se défendait, un Cosaque aperçut à quelques pas de là un cavalier à redingote grise qui marchait presque seul ; il quitta ses camarades et courut sur lui. Le général Corbineau se jeta à la traverse, mais sans succès. Le colonel Gourgaud, qui causait en ce moment avec Napoléon, se mit en défense et d'un coup de pistolet tiré à bout portant abattit le Cosaque aux pieds de l'Empereur. Au bruit de la détonation, nous arrivâmes en masse. Nous les sabrions dans l'obscurité ; un petit nombre seulement parvint à s'échapper.

Il était temps que nous nous arrêtions, tout le monde était harassé de fatigue et tombait de besoin.

Nous étions restés vingt-quatre heures sans débrider, sans manger, et nos pauvres chevaux aussi avaient grand besoin de repos et de nourriture.

Toutefois il nous fallut rétrograder sur la rive droite de l'Aube, à deux lieues et demie au-dessus de Brienne, au village de la Rothière.

L'Empereur nous mena à Troyes en passant sur la rive gauche de l'Aube ; l'armée y resta trois jours pour se reposer. Le 10 février, on rencontra les Alliés réunis, à Champaubert. Là, ils reçurent une bonne frottée. La journée de la Rothière était la première bataille rangée de la campagne ; nous restâmes maîtres du champ de bataille, mais rien au delà. Et nous ne pûmes pas recommencer le lendemain, affaiblis et épuisés par les pertes que nous venions de faire. Nous étions 40.000 contre 160.000 alliés. Cependant ils ne purent pas, ce jour-là, se vanter de nous avoir fait reculer d'une semelle.

Le 11 février eut lieu la célèbre bataille de Montmirail. Le 12, nouveau combat à Château-Thierry ; le 15, à Janvilliers. Le 17, nous arrivâmes à Nangis, après des marches forcées et des peines inouïes.

Nous marchions toute la nuit par des chemins de traverse pour gagner les têtes de colonne de l'ennemi, qui nous débordait de tous côtés et qui avait hâte d'arriver à Paris. Nous poussions devant nous des forces considérables sur Montereau ; c'est là que l'Empereur avait placé en embuscade un corps d'armée pour les recevoir et arrêter leur marche sur Paris. Ses ordres avaient été fidèlement exécutés ;

mais il eut la douleur de voir l'ennemi, qu'il croyait tenir entre deux feux, lui échapper, par suite d'une trahison bien connue, dont les effets furent si désastreux pour la France et pour l'armée.

Dès le matin, l'Empereur s'étonna de ne pas entendre le canon du corps d'armée qui devait arrêter l'ennemi. Agité, inquiet, il part à la tête de sa Vieille Garde et de tout son état-major ; il s'élance au galop et nous le suivons tous sur la route de Nangis, à gauche de celle de Paris. Arrivé sur une hauteur, également à gauche de cette route, et apercevant l'ennemi qui défilait tranquillement sur le pont de Montereau, l'Empereur devint furieux ; ses yeux lançaient des éclairs.

« Pars, dit-il tout ému au maréchal Lefebvre ; prends tout mon état-major ; je garde près de moi Monthion et deux autres officiers. Pars au galop! va t'emparer du pont : l'affaire est manquée, ils vont nous échapper. Je vole à ton secours avec ma Vieille Garde. »

Et nous voilà partis comme la foudre! Parvenus au bas de la montagne à la suite de l'intrépide maréchal, nous arrivons sans obstacle à la tête du pont ; puis tournant à gauche, par quatre de front, nous avançons ventre à terre, sur le pont.

L'arrière-garde ennemie n'était pas encore passée. Au milieu du pont, il y avait une brèche assez large, mais qui ne fut pas un obstacle pour nous. Telle était la rapidité de notre course, que nos chevaux la franchirent sans presque s'en douter. Nous volions! Moi, j'étais monté sur le beau cheval arabe que j'avais pris à la bataille de Hanau, et avec lequel, plus tard, de retour à Auxerre, on s'en souvient encore, je franchissais avec tant d'aisance les haies qui bordent les promenades de l'Arquebuse.

Un trait admirable, et qui mérite d'être rapporté, c'est celui d'un homme que j'aperçus couché à plat ventre le long des parapets du pont de Montereau et qui glissait des pièces de bois pour fermer la brèche et nous faciliter le passage.

Le pont, qui est fort long, débouche à gauche sur une rue ou faubourg qui se trouvait encombré des équipages et de tout l'attirail de l'arrière-garde ennemie. A force de coups de sabre, nous parvînmes pourtant à nous frayer un passage. Nous balayions comme une trombe tout ce qui se trouvait à notre portée, et ceux-là seuls échappaient à nos coups qui pouvaient se blottir sous les fourgons. Jamais on ne vit plus d'élan et une pareille audace ; l'écume sortait de la bouche du maréchal, dont le sabre ne se reposait guère.

Après avoir traversé ce long faubourg, nous arrivâmes sur une belle chaussée, qui conduit à la route de Saint-Dizier. Devant nous s'ouvrait une plaine immense.

Le maréchal nous fit poursuivre notre charge, mais l'Empereur avait tout prévu. Nous voyant engagés dans un péril certain, il avait fait poser les sacs à un bataillon de chasseurs à pied pour venir à notre secours, et ce bataillon nous sauva. Nous fûmes ramenés par une masse de cavalerie qui nous aurait enveloppés. Arrivés auprès de cette chaussée, qui formait la redoute derrière laquelle s'étaient portés nos chasseurs, nous continuâmes notre retraite, toujours serrés de près par les escadrons ennemis. Mais au moment où nous regagnions l'entrée du faubourg, les cavaliers qui nous poursuivaient en longeant la chaussée furent surpris par un feu de file qui, tombant sur cette masse compacte, joncha la terre de chevaux et d'hommes. Et nous pûmes atteindre le faubourg sans être inquiétés.

Tandis que nous exécutions cette brillante charge, l'Empereur, avec sa Vieille Garde et son artillerie, montait la côte qui domine Montereau. Sur ce plateau élevé en face du pont, se dressait en demi-cercle un mur garni de belles charmilles, derrière lesquelles nos pièces étaient en batterie. De ce point, Napoléon foudroyait les colonnes ennemies qui s'allongeaient dans la plaine, car ce jour-là il fut à la fois général, soldat et canonnier, donnant des ordres à tout son monde et pointant lui-même les pièces de canon. Les vieux grognards voulurent le faire retirer :

« Non, dit-il, le boulet qui doit me tuer n'est pas encore fondu. »

Après avoir taillé en pièces tout ce qui s'opposait à notre passage, nous repassâmes le pont avec notre brave maréchal Lefebvre, et nous remontâmes la côte. Arrivés près de l'Empereur, il nous dit :

« Votre rapidité dans cette charge me donne 2.000 prisonniers ; je vous croyais tous pris.

— Vos chasseurs nous ont sauvés, » répondit le maréchal.

J'étais si content de moi que, mettant pied à terre, j'embrassai mon cheval. Je puis dire avec orgueil que j'ai fait ce jour-là une bonne journée ; je m'étais dilaté la rate : grâce à la vigueur de mon cheval, j'avais pu sabrer à mon aise.

Le 21, il y eut un combat à Méry-sur-Seine ; le 28, à Sézanne ; le 5 mars, à Berry-au-Bac. Les Polonais eurent les honneurs de cette journée : ils enfoncèrent et culbutèrent les Cosaques. Le 7, bataille de Craonne. Elle fut terrible. Des hauteurs presque inaccessibles furent enlevées à la baïonnette par les chasseurs à pied de la Garde et les gendarmes d'Espagne ; ces derniers firent des prodiges de valeur.

Le 13 mars, nous arrivâmes aux portes de Reims à la nuit. Une armée russe occupait la ville et s'y était retranchée au moyen de redoutes élevées sur la grande place avec du fumier et des tonnes pleines. Les portes étaient barricadées. Près de celle qui fait face à la route de Paris, et qui commande la ville, s'élève une haute terrasse où l'on avait construit un moulin à vent. L'Empereur y établit son quartier général en plein air. Nous lui fîmes un bon feu. On n'y voyait pas à dix pas devant soi. Il était si fatigué de la journée de Craonne qu'il demanda sa peau d'ours et s'allongea près du feu. Nous étions là tous, en silence, à le contempler, à le garder, et les Russes paraissaient bien tranquilles dans Reims, où nous nous proposions de leur souhaiter le bonjour le lendemain matin ; mais ils jugèrent prudent de prendre l'avance et de déloger la nuit même à dix heures du

soir. Ils firent une sortie sur leur droite par une forte
brèche. La fusillade s'engagea vivement aussitôt.

L'Empereur se leva précipitamment :

« Que se passe-t-il ?

— C'est un hourra, Sire, lui répond son aide de
camp.

— Où est le capitaine qui commande la batterie de
la Garde ?

— Le voici, Sire, répond l'officier.

— Où sont tes pièces ?

— Sur la route.

— Fais-les venir.

— Je ne puis passer : l'artillerie de la ligne est
devant moi.

— Il faut renverser toutes ces pièces dans les fossés :
je veux, à minuit, être dans la ville. Tu entends ?... Si
tu ne te fais pas tuer aux portes de Reims... Allez,
nous dit-il, renversez tout dans les fossés. »

Et nous voilà tous partis.

Arrivés près des pièces et des caissons, au lieu de les
renverser, nous les portâmes à bras, aidés des canonniers et des soldats du train, sur le côté de la route.
Tout cela fut fait en une minute, et les seize pièces
de la batterie passèrent sous les yeux de l'Empereur,
qui nous regardait faire sans rien dire, le dos tourné
à son feu.

Les canons furent immédiatement mis en batterie, à
droite de la route, dans une belle place, en face de la
porte. La nuit était très obscure, et le malheur voulut
qu'on n'aperçût pas deux de nos pièces qui se trou-

vaient déjà braquées non loin de la porte, en cas de sortie des Russes. On ne voyait rien du tout. Les seize pièces en batterie lâchèrent leur bordée ; tout fut mis en pièces : chevaux, canonniers, tous furent moulus. Les portes volèrent en poussière et les abords de la ville furent complètement rasés. Les boulets labouraient les rues, et les obus tombaient au milieu de la route sur les redoutes de l'ennemi. Pendant ce ravage, l'Empereur donnait à ses régiments de cuirassiers l'ordre de se tenir prêts pour entrer en ville, leur indiquant les rues que devait occuper chaque escadron.

Lorsque tout fut renversé et la brèche ouverte, on cessa le feu ; puis, à un signal donné par l'Empereur, les cuirassiers, qui s'étaient portés en bataille derrière les pièces, s'élancèrent et se répandirent dans la ville comme un torrent. Leur charge fut si impétueuse qu'ils traversèrent la ville entière sans rencontrer le moindre obstacle. Les habitants, renfermés dans leurs maisons, en entendant ce tonnerre de cavaliers, reconnurent sans peine que c'était l'armée française. Aussitôt, dans toutes les rues, on plaça des lumières aux fenêtres, et il faisait si clair à minuit qu'on eût pu ramasser une aiguille tombée dans la rue. L'Empereur, à la tête de son état-major, entrait dans Reims à minuit, et les Russes fuyaient dans toutes les directions. Nos cuirassiers les sabrèrent à discrétion, et leur hourra leur coûta cher.

Si l'Empereur avait été secondé dans toutes les provinces comme il le fut en Champagne, les Alliés étaient perdus. Cette affaire les avait déconcertés, ils se sau-vaient à la débandade sur tous les points. Mais que pouvions-nous faire un contre dix ? Nous n'avions plus pour nous que la bravoure : il fallut succomber sous le nombre.

Après bien des marches et des contre-marches, nous arrivâmes, le 26 mars, dans cette ville de Saint-Dizier, ravagée tour à tour par toutes les armées. De là, nous partîmes, je crois, pour Doulevent, la tristesse dans l'âme. L'armée était dans le deuil à notre départ pour Fontainebleau. Là, nous vou-lûmes encore, avec l'Empereur, tenter un dernier effort et marcher sur Paris avec la Vieille Garde. Il était trop tard ; on voyait déjà les bataillons russes cerner la forêt, et, d'ailleurs, Paris s'était rendu sans grande résistance. Sous la pression des événements et sur les instances des principaux chefs de l'armée, l'Empereur fut contraint de signer cette fameuse abdi-cation que tout le monde connaît.

Je désirais vivement le suivre. Le général Monthion alla le trouver et lui parla de moi.

« Je ne puis le prendre, dit l'Empereur ; il ne fait pas partie de ma Garde. Si ma signature pouvait lui ser-vir, je le nommerais chef de bataillon, et même écuyer ; mais il est trop tard. »

Le général me rendit compte des bonnes intentions de mon Empereur.

Il lui fut accordé six cents hommes pour former sa garde.

Il fit prendre les armes et demanda les hommes de

bonne volonté. Tous sortirent aussitôt des rangs, et il fut forcé de les faire rentrer.

« Je vais les choisir, dit-il; que personne ne bouge. »

Et, passant devant chaque compagnie, il désignait lui-même les hommes qui devaient le suivre. Ce choix fut assez long à faire. Lorsqu'il eut parcouru tous les rangs, il dit à un général qui l'accompagnait :

« Voyez si j'ai mon compte.

— Il vous en faut encore vingt, dit le général Drouot.

— Eh bien, je vais les faire sortir. »

Ensuite il désigna les officiers et les sous-officiers, et rentra dans son palais. Il choisit Drouot pour conduire sa Garde, à Paris, à Louis XVIII. Enfin, lorsque tous ses préparatifs furent terminés et ses équipages prêts à partir, il donna l'ordre pour la dernière fois de prendre les armes.

A ce moment solennel, tous ces vieux guerriers s'avancent tristement, en silence, et vont se ranger dans cette grande cour du Cheval-Blanc, naguère si tumultueuse, si brillante. L'émotion commençait à nous gagner tous, nous que les fatigues et les combats avaient rendus si durs, si insensibles : chacun se retrouvait un cœur et le sentait battre. Bientôt, l'Empereur descend le magnifique escalier, accompagné de ce qui reste de son état-major, et se présente devant ses vieux grognards :

« Que l'on m'apporte mon aigle ! » dit-il d'une voix forte, mais qui trahissait la sensibilité.

Et, la prenant dans ses bras, la serrant sur son cœur, il lui donna le baiser d'adieu. Combien cette scène était triste et touchante ! A cette vue, l'armée entière éclata en sanglots ; l'on n'entendait plus que des gémissements sortir des rangs. Je puis dire que je versai des larmes bien amères à la vue de mon cher Empereur qu'il me fallait quitter, et qui allait partir pour l'exil.

Il fallut prendre la cocarde blanche; mais je conservai la mienne comme une relique du grand homme. Tous les maréchaux et généraux vinrent faire leur soumission à Louis XVIII, et nous, vieux débris de la Grande Armée, nous reçûmes l'ordre de sortir de Paris. Mais avant de partir, nous étions douze gaillards, officiers de toutes armes, bien résolus à faire parler de nous. Tous les jours, nous nous réunissions aux Tuileries, cherchant à rencontrer *nos amis*, les officiers alliés. Fiers de se voir maîtres du terrain, ils ne perdaient jamais une occasion de nous faire des insultes. Ce fut au café Véry, au Palais-Royal, que nous les trouvâmes pour la première fois.

« Je voudrais bien, dit le plus fanfaron de la troupe, s'adressant au garçon, après nous avoir toisés de l'œil quelques instants, je voudrais bien que tu me servisses un bol de punch ; mais je tiens à le boire dans un vase où jamais Français n'ait trempé les lèvres. »

Le rouge nous monta au visage à tous. Un officier des grenadiers à cheval, qui était avec nous, sortit précipitamment sans rien dire. Il revint bientôt avec un pot de nuit à la main et alla hardiment le poser sur la table occupée par les Russes. Puis versant leur punch dans ce bol improvisé, il dit :

« Vous voilà servis à souhait ; jamais Français n'a bu là-dedans. Mais, vous, vous y boirez, ou bien nous verrons ! »

Révoltés à la vue du pot de chambre, outragés par l'ironique proposition, les Russes se lèvent tous, tirent leurs sabres et marchent sur nous. Mais nous, rangés dans un coin, nous nous armons de tabourets, et nous attendons.

Cette querelle ne pouvait être vidée que par les armes ; on partit aussitôt pour le bois de Boulogne. L'affaire ne dura pas longtemps, sur les dix-huit qu'ils étaient, nous laissâmes douze Russes sur le carreau. Les six autres tombèrent à genoux et nous supplièrent de les épargner. Nous leur fîmes grâce de la vie, mais ils payèrent le punch.

Cette vie dura une bonne quinzaine, et il ne se passait guère de jours sans que l'on en descendît quelques-uns. Aussi le grand-duc Constantin, frère du Czar, effrayé de cette mortalité qui se déclarait dans les officiers russes, alla trouver son frère et lui rapporta qu'il manquait plus de deux cents officiers à l'appel.

« Je ne les ai pas comptés en arrivant, je ne les compterai pas en partant ». répondit froidement Alexandre.

Si on nous avait laissés encore un mois à Paris, je crois que la plus grande partie des officiers alliés auraient passé l'arme à gauche. Aussi le gouvernement jugea-t-il prudent de nous envoyer planter nos choux dans nos départements, avec une petite demi-solde de soixante-trois francs par mois.

Il fallut se résigner : je vendis deux de mes chevaux et ne gardai que mon petit arabe ; puis je partis pour Auxerre, chef-lieu de mon département. Je végétai dans cette ville toute l'année 1814. Je ne connaissais personne, et comme nous étions suspects, il fallait sonder prudemment le terrain avant de s'engager dans une maison.

Je finis par être invité chez M. Maret, avoué, rue Neuve. C'était un vrai patriote ; il m'offrit chez lui une généreuse hospitalité et je fus très bien accueilli dans cette famille.

Je me casai dans une maison appartenant à M. Lasseré, sur la place des Fontaines. Ce logement était bien modeste, mais le prix rachetait un peu cela : je ne payais rien. Je louai une sangle, un matelas et je me fis une espèce de lit de camp. Je fus assez heureux pour rencontrer encore dans ce vieux bâtiment une petite écurie pour loger mon cheval. Ma vie, mes habitudes se trouvaient complètement changées; chaque dimanche, j'allais sans manquer à la messe, dans la crainte de me voir privé de ma modique demi-solde. Il fallait de plus aller, chaque semaine, trouver le général commandant le département et faire aussi des visites assidues à M. le préfet. Comme c'était amusant! Ajoutez à cela que, réduit à une maigre paie de soixante-treize francs par mois, on ne tarda pas à nous rogner encore les ongles au moyen d'une retenue de deux et demi pour cent sur le traitement fixe et autant sur la croix d'honneur.

Ce ne fut pas tout : à chaque trimestre on augmentait le chiffre de nos retenues. On arriva ainsi successivement à nous rogner jusqu'à cent vingt-cinq francs par an sur notre légion d'honneur, indépendamment des deux et demi qui continuaient à nous être déduits sur le traitement de demi-solde ; de manière que notre pension se trouvait réduite non plus à moitié, mais au tiers de son chiffre normal. Bon gré mal gré, il fallait se serrer le ventre.

Un jour, le général commandant le département fit appeler tous les officiers en demi-solde. Il nous demanda s'il s'en trouvait parmi nous quelques-uns de bonne volonté pour conduire des déserteurs à Sarrelouis. Voyant que personne ne se présentait, je pris la parole :

« C'est moi, dis-je, qui me charge de les conduire. Je ne demande avec moi que deux officiers. Je ferai le voyage à cheval, à la condition que les rations de mon cheval me seront comptées.

— Cela suffit », me dit le général.

On m'adjoignit deux officiers, et je me mis en route pour Sarrelouis. De retour, lorsqu'il s'agit de me payer, on ne voulut pas me tenir compte de mes rations. Je réclamai ; on me répondit que le gouvernement ne connaissait pas d'officiers à cheval pour conduire des déserteurs ou des conscrits, et j'en fus pour mes frais.

« Allons, me dis-je, voilà que j'ai encore cette fois travaillé pour le roi de Prusse. »

Pour me distraire, j'allais me promener au café Milon. Là, on apprenait les nouvelles ; je trouvais des groupes de vieux habitués qui parlaient politique et qui m'abordaient pour me faire jaser. J'avais beau leur dire que je ne savais rien du tout, ils disaient:

« Vous ne voulez pas parler, vous avez peur de vous compromettre. »

« Il paraît, me dit un jour en m'abordant un gros papa, il paraît qu'il est passé récemment à Auxerre un capucin déguisé et un autre grand personnage que le préfet voulait faire arrêter.

— J'ignorais la chose.

— Bah ! vous faites l'ignorant ; mais vous ne l'êtes pas.

— Il a gardé son cheval, dit un autre, parce qu'il attend la capote grise. On dit qu'il revient. »

J'ignorais complètement les projets de Napoléon, et je m'étonnais beaucoup de les entendre raisonner de la sorte à une époque où il était si imprudent de parler. J'avoue pourtant que je prenais plaisir à entendre parler sur ce chapitre-là. Le seul bruit de ces nouvelles qui se colportaient de bouche en bouche, fit luire dans mon esprit une joie secrète et quelques lueurs d'espérance. Quand je rentrai chez moi, j'étais tout ému. De ce moment-là je ne cessai plus d'avoir un vague pressentiment du retour de Napoléon. J'en parlai en quelques mots à M. Maret.

« Vous serez bientôt satisfait », me dit-il.

Je me contentai de sourire. M. Maret s'en aperçut, il ajouta :

« Je vous vois vous réjouir d'avance, vieux grognard. Vous voilà prêt, je gage, à monter à cheval. S'il revenait, partiriez-vous de bon cœur ? »

Je ne répondis que par quelques exclamations très affirmatives. J'eus un moment le cœur ému et j'éprouvai un saisissement, qui me coupa la parole.

Il se préparait dans la politique une grande tempête, joyeuse pour les uns, triste pour les autres. J'ignore ce qui se passait à Paris, mais on débitait dans les cafés d'Auxerre que l'Empereur était débarqué à Cannes, qu'il marchait sur Grenoble. A cette nouvelle, tout le monde fut dans la consternation. Moi, j'entendais tout et ne disais toujours rien, quand un beau matin arriva à Auxerre le 14° de ligne, ayant à sa tête le maréchal Ney, qui avait mission d'aller arrêter l'Empereur. Tous ces bruits ne me parurent pas d'abord bien fondés. Mais en voyant le maréchal se rendre à la Préfecture, et en lisant la proclamation publiée dans la ville par le commissaire de police, où il était dit que l'ordre du gouvernement était d'arrêter *Bonaparte*, tous mes doutes se dissipèrent ; je compris que l'affaire devenait sérieuse.

Mais je ne pouvais me faire à cette idée que le maréchal Ney pût jamais se résoudre à mettre la main sur l'Empereur. Je rêvais à cela jour et nuit. Mon anxiété fut très grande jusqu'au jour où j'appris qu'à la vue de Napoléon, le 14° avait mis les schakos au bout des baïonnettes, en criant : Vive l'Empereur ! Le maréchal avait suivi la même impulsion irrésistible.

Peu de jours après, le 14° faisant l'avant-garde de

l'armée impériale rentrait à Auxerre et s'installait à l'Hôtel de Ville. Partout la cocarde blanche disparaissait, remplacée par la cocarde tricolore. Le pauvre commissaire de police fut forcé de publier aux flambeaux une nouvelle proclamation qui se terminait par : Vive l'Empereur ! Les Auxerrois rirent beaucoup de cette petite aventure.

Enfin, après un an de souffrances, de compression et de silence forcé, je pouvais donc me dilater la rate ; j'en usai tout à mon aise. Le lendemain, toute la population se porta sur la route de Saint-Bris au-devant de Napoléon, dont la voiture marchait escortée par un bataillon de 700 vieux officiers. La boule de neige avait grossi.

L'Empereur passa la revue du 14ᵉ, formé en carré, sur la place Saint-Étienne. Après la revue, il fit former le cercle aux officiers. M'apervevant, il m'appela auprès de lui :

« Te voilà, grognard ?

— Oui, Sire.

— Quel grade avais-tu à mon état-major ?

— Vaguemestre du grand quartier général.

— Eh bien, je te nomme fourrier du Palais et vaguemestre général du grand quartier général. Es-tu content ?

— Oui, Sire.

— Eh bien ! je compte sur toi. Va-t'en trouver Monthion à Paris. »

Ce beau cercle d'officiers, groupés autour de Napoléon, le bras tendu et l'épée nue, semblait former comme une couronne au-dessus de sa tête. Il dit encore :

« Officiers et soldats, nous marchons sur Paris. Nous n'avons rien à craindre ; il ne reste aux Bourbons qu'un soldat : c'est la duchesse d'Angoulême. »

Il donna ses ordres en quelques mots et rentra à la préfecture. Je le suivis et, en arrivant, la première personne que je rencontrai, ce fut le grand-maréchal Bertrand. Il me fit beaucoup d'accueil. La gendarmerie avait disparu tout entière à l'approche de l'Empereur, et la plupart des autorités hésitaient encore à lui faire visite. Napoléon s'en irrita et les envoya chercher à domicile. Il y eut même quelque émotion dans la ville à cette occasion.

Le lendemain, je partis pour Joigny, d'où je m'embarquai pour gagner Sens, avec une dizaine d'autres officiers. L'Yonne était couverte de barques remplies de troupes ; quelques-unes mêmes furent submergées. A Sens, on quitta le bateau, qui marchait lentement, pour prendre les pataches jusqu'à Paris. En y arrivant, je me rendis chez le général Monthion, qui me félicita de mon arrivée et du nouveau grade qui venait de m'être donné. De là, je montai aux Tuileries, où le général Bertrand, en quittant Auxerre, m'avait donné rendez-vous. Le général Drouot me reconnut en entrant, et s'écria :

« Voilà encore un des vieux grognards de Moscou ! »

Tous les généraux présents me complimentèrent. Le grand-maréchal arriva :

« Déjà, capitaine ?

— Oui, général.

— Mais vous avez donc pris la poste ? »

Et il avertit l'Empereur, qui me donna immédiatement un ordre à porter chez le prince Cambacérès.

Je demandai et obtins de suite une permission de six jours pour venir à Auxerre régler mes affaires. A cette époque, on se promenait beaucoup à l'Arquebuse. Le lendemain de mon arrivée, qui était un dimanche, je revêts mon grand uniforme, et me voilà parti pour me rendre sur la promenade. J'avais fait à peine un tour ou deux que je me vois accosté par le capitaine et le lieutenant de gendarmerie. Je n'étais pas en très bons termes avec le capitaine.

« Eh bien ! me dit-il, en m'abordant d'un air un peu inquiet, quelles nouvelles à Paris ?

— Rien », lui dis-je.

Puis me rappelant que lors du passage de l'Empereur à Auxerre, il avait été question, en ma présence, de lui et de sa conduite, j'ajoutai en me retournant :

« Ah ! si ; j'ai appris que dans quinze jours vous auriez votre retraite. »

Mon homme, qui comprenait très bien le pourquoi, se retira aussitôt, sans m'interroger davantage. Je réglai à la hâte mes petites affaires et je repris le chemin de Paris.

CHAPITRE IX

De retour au quartier général, le comte Monthion me remit mon nouveau brevet et m'engagea à prendre un logement le plus rapproché possible des Tuileries, afin d'être toujours à portée de recevoir ses ordres, que j'allais, d'ailleurs, prendre tous les jours. J'avais droit à ce logement pour moi, mon domestique et deux chevaux, et je fus m'entendre à ce sujet avec le maire de l'arrondissement. De plus, j'avais droit, comme faisant partie du *bataillon sacré*, à une gratification de trois cents francs, qui devait m'être payée place Vendôme n° 3. Quand j'allai pour la première fois toucher ces trois cents francs, il m'arriva une aventure assez singulière.

Je me présente au capitaine qui commandait la 3ᵉ compagnie d'officiers du bataillon sacré, car les officiers de grade inférieur n'étaient là que simples soldats. Il fallait être officier supérieur pour être capitaine d'une compagnie de cent officiers. Je m'adresse donc à lui pour réclamer les trois cents francs qui m'étaient dus.

« Comment vous nommez-vous ? me dit-il en me toisant de l'œil.

— Coignet. »

Il regarde sur sa feuille : mon nom n'y figurait pas. Cependant mon homme, qui ne paraissait pas très pressé ni même très désireux de me payer, me répond froidement :

« Je n'ai plus d'argent. Il fallait vous trouver ici avec les autres. La paie est terminée.

— Mais la somme qui me revient, à qui l'avez-vous remise ?

— A personne.

— Donc elle est encore ici entre vos mains. Il me la faut !

— Je ne puis vous payer, encore une fois ; vous venez trop tard.

— Pas de bruit, je vais aller éclaircir l'affaire et je reviens promptement. Nous verrons bien si vous avez le droit de ne pas me payer ce que vous me devez. »

Ce capitaine était un vieil émigré qui s'était présenté à l'Empereur pour reprendre du service, et qui avait été mis en activité. Je vole aux Tuileries rendre compte de mon désappointement au général Bertrand et au comte Drouot. Ils furent très étonnés d'apprendre que le vieux chevalier s'était refusé à me payer. Le général Bertrand lui écrivit deux mots.

« Tenez, me dit-il, portez-lui ce poulet, et votre affaire va marcher toute seule.

— Ce monsieur mériterait bien, répondis-je, que je le fasse coucher au bivouac, s'il vient à l'armée.

— Très bien, dit en riant le général Bertrand ; mais les vieux émigrés sont comme les plats d'étain : ils ne vont guère au feu. »

Je retourne sans perdre un moment, place Vendôme :

« Voilà, dis-je au capitaine, un poulet à votre adresse. Il n'y a pas besoin de broche pour le faire cuire ; il est tout arrangé, tout prêt à servir : goûtez-le s'il vous plaît, on attend votre réponse. »

Mon homme lut et apparemment qu'il trouva la sauce du poulet assez salée, car il s'emporta presque contre moi et me dit d'un air mécontent :

« Mais pourquoi avoir été vous plaindre aux Tuileries ?

— Mais pourquoi refusez-vous de me payer ce qui m'est dû ?

— Le palais impérial n'est pas votre place.

— Pardon, capitaine, je suis vaguemestre général et fourrier du palais. C'est moi qui suis chargé de faire préparer des logements pour l'armée, et je vous promets bien, si vous y venez jamais, de vous loger au bivouac pour vous récompenser de vos bons procédés d'aujourd'hui. Mais brisons là-dessus, et mes trois cents francs, s'il vous plaît. Je suis pressé : on m'attend aux Tuileries. »

Et le capitaine cette fois s'empressa de s'exécuter.

J'allai faire mes dispositions pour m'installer dans mon logement. J'achetai d'abord deux superbes chevaux provenant d'un royaliste qui avait filé. Je me présentai le même soir, avec ma nouvelle monture, chez le comte Monthion. Cette visite à cheval, mon écuyer derrière, me donnait l'air d'un commandant de place faisant sa ronde. Lorsque j'entrai ainsi en grande tenue dans la cour de son hôtel, le général se trouvait justement là.

« Déjà monté, me dit-il, c'est affaire à vous. Mais vous avez là deux beaux chevaux ; combien vous coûtent-ils ?

— Dix-huit cents francs, mon cheval de bataille ; et neuf cents, celui de mon domestique. »

Le général s'approcha pour les examiner :

« En vérité, dit-il, vous voilà mieux monté que moi ! »

Le général venait plusieurs fois la semaine me prendre pour me mener à la promenade, soit en voiture, soit à cheval. Il m'invitait souvent à dîner chez lui. Sûr de mon dévouement, il avait pour moi une véritable affection et me rappelait à chaque instant les bons feux que je lui avais faits autrefois en revenant de Moscou.

Mes préparatifs pour entrer en campagne une fois terminés, je m'occupai de régler l'ordre de marche des équipages par rang de grade pour éviter la confusion, et pour que les distributions se fissent régulièrement. Ces mesures de précaution furent d'un grand secours, et on me félicita plus tard de les avoir prises. Je passais tous les jours chez mon banquier toucher le prix du logement qui m'était accordé ; tout cela joint à ma paie de 300 francs par mois et à mes rations fit que j'amassai un peu d'argent.

Mais la guerre allait recommencer ; il se faisait partout d'immenses approvisionnements de munitions et de matériel. Les grandes revues se succédaient rapidement et l'on sentait déjà dans l'air l'odeur de la poudre. On préparait aussi en grande pompe la fête du Champ-de-Mai, qui fut célébrée au Champ-de-Mars, devant la belle façade de l'École-Militaire. La solennité fut des plus imposantes. C'est là que l'Empereur en grand costume impérial reçut les députés et les députations de la France. La foule était si considérable et si serrée, que nous eûmes toutes les peines du monde pour nous frayer un passage et faire arriver l'Empereur au second amphithéâtre, où il allait distribuer les aigles à l'armée et à la garde nationale.

Il commença par un discours ; puis se faisant apporter les aigles, il cria qu'il fallait jurer de les défendre jusqu'à la mort.

On jura, mais les serments n'avaient plus cette énergie et cet enthousiasme d'autrefois. C'était faible ; on voyait que ce n'était plus là les cris d'Austerlitz et de Wagram. L'Empereur s'en aperçut bien. Du reste, il était impossible de voir plus de monde. On ne put faire aucune manœuvre, et à peine Napoléon pouvait-il passer dans les rangs, tant nous avions de peine à écarter les flots de la foule sur son passage.

Deux jours après, le 3 juin, arrivait l'ordre du départ

pour l'armée. Je partis de Paris le 4 pour me rendre à Soissons et de là à Avesnes, où je devais attendre de nouveaux ordres. L'Empereur y arriva le 13 et n'y resta que peu de temps. C'est d'Avesnes qu'il data sa fameuse proclamation à l'armée, du 14 juin 1815. Du reste, on ne marchait pas, on courait !

L'Empereur avait ordonné à tout le monde d'avancer à marches forcées sur la frontière. Quand le maréchal Ney arriva, Napoléon lui dit, devant tous les officiers : « Monsieur le maréchal, votre protégé Bourmont vient de passer à l'ennemi avec ses aides de camp. »

Cette nouvelle causa au prince de la Moskowa une émotion visible. L'Empereur lui confia le commandement d'un corps d'armée de 40.000 hommes pour se porter contre les Anglais :

« Vous pouvez, ajouta-t-il, pousser les Anglais sur Bruxelles. »

Lorsque nous fûmes entrés dans ce pays fertile, nous trouvâmes des seigles d'une hauteur de huit à dix pieds. Nos colonnes avaient de la peine à se frayer des routes à travers ces champs couverts d'épis ; les premiers rangs surtout ne pouvaient avancer contre ces espèces de murailles verdoyantes, qui se renouvelaient sans fin. La cavalerie elle-même se perdait dans l'abondance des pailles, et ce fut un de nos malheurs d'avoir été ainsi entravés dans notre marche.

Les deux corps d'armée commandés par Grouchy et par le brave général Girard firent un mouvement sur la droite pour gagner la belle plaine de Fleurus. L'Empereur se porta lui-même en avant sur la grande

route avec son état-major et un escadron de grenadiers
à cheval. Il s'entretenait avec un aide de camp, lorsque
portant ses regards vers la gauche, il s'arrête tout à
coup, et, armé de sa lorgnette, se met à inspecter
avec attention les hauteurs voisines.

A l'extrémité de l'horizon, et très loin de là, se
trouve une petite montagne taillée en pain de sucre,
sur laquelle il aperçoit de la cavalerie pied à terre. Il
ne croît pas reconnaître là ses cavaliers et demande
un officier pour aller s'en assurer. Aussitôt on me fait
signe d'avancer.

« C'est toi, grognard ! me dit-il, es-tu bien monté ?

— Oui, Sire.

— Va-t-en au galop reconnaître la cavalerie qui
est sur la montagne, là-bas. Vois-tu d'ici ?

— Oui, Sire.

— Ne te fais pas pincer. »

Je pars au galop. Arrivé au pied de cette montagne
à pente très rapide, il me faut, pour monter, décrire
plusieurs courbes en travers. Après avoir gravi environ
la moitié de la hauteur, j'aperçois au-dessus de moi
trois officiers qui montent à cheval ; je crois même
apercevoir quelques lances qui se dérobent bientôt à
mes regards. Je n'en continue pas moins ma marche.
Bientôt je vois distinctement des groupes de soldats
qui cernent le pied de la montagne, sans doute pour
me couper la retraite. Puis, apparaissent de nouveau
mes trois gaillards, qui descendent de mon côté en faisant le tire-bouchon. Ils se croisaient dans leur marche,
mais la pente était si raide qu'ils ne pouvaient des-

cendre qu'à petits pas. Ma position devenait embarrassante, sans m'inquiéter cependant le moins du monde. Je m'arrêtai un moment tout court, car je ne voyais pas au-dessus de moi et je croyais n'avoir au-dessous que des ennemis.

Mon parti est bientôt pris : n'apercevant plus personne au pied de la montagne, je m'en tiendrai aux trois officiers qui semblent vouloir s'attacher à moi et m'en vouloir. Je leur fais d'abord un grand salut; puis, tournant bride, je commence à battre en retraite. Ils se mettent à descendre comme moi, se dirigeant toujours de mon côté. Je les observais, beaucoup moins inquiet de leur poursuite que des obstacles que je m'attendais à rencontrer pour regagner la plaine. Ma surprise ne fut pas mince, lorsqu'arrivé au bas de la montagne, je n'aperçus plus personne !

Toutefois, mes trois officiers ne me perdaient pas de vue et continuaient la poursuite. Une fois dans la plaine, je me retourne de leur côté, et, leur faisant de nouveau un grand salut, je reprends tranquillement mon chemin pour rejoindre l'Empereur. Les trois beaux officiers allaient s'en tenir là, sans doute, lorsque sur mon second salut, qui leur parut une provocation, l'un d'eux se détacha et me chargea à fond de train. Loin d'être fâché, je me rejouissais intérieurement de me voir ainsi pressé par ce brave cavalier ennemi.

Je ralentis ma marche à dessein. Il gagnait du terrain sur moi et cela l'encourageait. L'Empereur qui suivait mes mouvements et m'avait cru perdu un moment, envoyait en toute hâte deux grenadiers à cheval à mon secours. Mon adversaire commençait à approcher d'autant plus près de moi que je faisais effort pour modérer l'ardeur de mon cheval. Tout à coup il fond sur moi, en s'écriant :

« Je te tiens ! »

Son mouvement ne m'avait pas échappé. Prompt comme l'éclair, je fais un à gauche pour éviter son coup, et fonds sur lui à mon tour, répétant son mot :

« Et moi aussi, je te tiens ! »

En me voyant faire ce brusque demi-tour, il fléchit et veut s'effacer. Il n'est plus temps : le vin est versé, il faut le boire. Son mouvement de retraite n'est pas achevé que je suis à sa gauche et lui enfonce dans le côté mon grand sabre. Le coup fut si violent qu'il tomba par terre raide mort ; il fit la culbute, la tête en bas. Lâchant aussitôt mon sabre, je saisis la bride de son cheval et m'en emparai. Puis, fier de ce nouveau trophée, je revins vers mon Empereur, avec les deux grenadiers à cheval envoyés à mon secours : je leur donnai le cheval à ramener.

« Eh bien, grognard, me dit l'Empereur, je te croyais pris. Qui t'a montré à faire cette manœuvre ?

— C'est un de vos gendarmes d'élite, à la campagne de Russie.

— Tu t'y es bien pris, et tu es bien monté. L'as-tu vu, cet officier ? Il m'a paru blond. C'est toujours un maladroit ; il devait engager le combat mieux que cela. Il s'est laissé tuer comme un enfant. C'était un maladroit. Tu grognes, je crois ?

— Oui, Sire, je réfléchis que j'aurais dû prendre

le cheval par la bride et vous l'amener moi-même. »

L'Empereur fit un petit sourire ; le cheval arriva.

« C'est tel régiment anglais, dit l'Empereur ; et voici les deux autres officiers qui ramassent leur camarade. »

Tout le monde flattait mon cheval. Un officier me pria de lui céder le cheval anglais. J'y consentis, mais je voulus quinze napoléons pour mon domestique, et vingt francs pour les deux grenadiers. L'Empereur dit au grand-maréchal :

« Prends note du vieux grognard. Après la campagne, je verrai. »

Un moment après, le général me fit signe d'approcher et me dit que l'Empereur était très content de moi.

Le 14 juin, de l'autre côté de Gilly, nous rencontrâmes une forte avant-garde prussienne. Les cuirassiers traversèrent cette ville au galop et si vite, que les fers de leurs chevaux volaient par-dessus les toits des maisons. L'Empereur prenait plaisir à les voir. En sortant de la ville, ils eurent à gravir une montagne très raide et arrivèrent enfin au secours de notre avant-garde qui était aux prises avec les Prussiens.

La campagne commençait assez bien ; nos troupes bivouaquèrent à l'entrée de la plaine de Charleroi. L'ennemi ne nous croyait guère aussi près de lui. L'Empereur envoya, le matin, des officiers dans toutes les directions pour reconnaître l'ennemi. Il ne restait plus près de lui que le grand-maréchal, le comte Monthion et moi. Il se porta près d'un village, à gauche de la plaine, au pied d'un moulin à vent. L'armée prussienne se trouvait en grande partie sur sa droite, parquée dans des fermes et des enclos, dont les bordures formaient des massifs impénétrables.

Leur position était tout à fait à couvert, et l'on ne pouvait se rendre compte de leurs forces. Après avoir entendu les rapports de ses officiers d'état-major, l'Empereur donna l'ordre de marcher en avant et d'attaquer sur toute la ligne. Lui-même monta dans la tour du moulin, d'où il dirigeait et suivait tous les mouvements. Le corps du général Girard étant venu à passer, Napoléon fit monter le général près de lui :

« Eh bien, Girard, Bourmont, dont vous me répondiez, est passé à l'ennemi... Il faut, ajouta-t-il en lui montrant un clocher à droite, te porter sur ce clocher. Tu pousseras vivement les Prussiens ; je veux les débusquer de là. Je te ferai soutenir. Marche, Grouchy a reçu mes ordres. »

L'Empereur s'impatientait de n'avoir que des renseignements insuffisants. Il m'envoya rejoindre le général Girard en me disant d'attendre ses ordres pour revenir.

Je pars au galop. Ce n'était pas une petite affaire que d'arriver auprès du général. Il fallait faire des détours à n'en plus finir pour gagner le clocher. Ce n'étaient que des enclos, je ne savais pas quel chemin prendre. Enfin, je parvins auprès de l'intrépide général. Il était couvert de boue. Je l'abordai :

« L'Empereur m'envoie auprès de vous, général.

— Retournez, me dit-il vivement. Allez dire à l'Empereur que s'il m'envoie du renfort, les Prussiens sont enfoncés. Dites-lui que j'ai perdu la moitié de mon monde, mais que, si je suis soutenu, la victoire est certaine. »

Ce n'était pas une bataille, c'était une vraie boucherie. La charge battait de tous côtés ; l'on n'entendait que les cris : En avant ! en avant ! Nos soldats étaient tous des héros ce jour-là. Je revins en grande hâte près de l'Empereur et lui rendis compte de ma mission.

« Ah ! dit-il, si j'avais quatre lieutenants comme Girard, les Prussiens seraient perdus ce soir ! »

L'Empereur se frotta les mains après mon récit ; il me fit dépeindre tous les endroits par où j'avais passé.

« Ce ne sont, lui disais-je, que des vergers, des gros arbres et des fermes.

— C'est cela, me dit-il, on se croirait au milieu des bois.

— Le général est couvert de boue.

— C'est encore un brave, celui-là. »

Cependant toutes nos colonnes avançaient dans cette plaine de Fleurus, qui est très longue, et la victoire se prononçait de plus en plus en notre faveur. Napoléon monta à cheval et partit au galop :

« Voilà mes colonnes qui montent le mamelon. Suivez-moi de près. Allons, au mamelon. »

Et nous voilà partis, l'état-major et moi, comme la foudre. Au milieu de la plaine se trouve un ravin de trois à quatre pas de large. Arrivé là, le cheval de l'Empereur fit un petit temps d'arrêt, hésita. Mon cheval, plus hardi, sauta le premier, et je me trouvai

un moment en avant de Sa Majesté. Ce petit accident
me contraria ; je revenais bien sot, craignant de recevoir des reproches. Pas du tout. Arrivé sur le mamelon,
je vais me ranger de côté en m'effaçant le plus possible,
chapeau bas. L'Empereur se tourna aussitôt vers moi.

« Si ton cheval n'était pas entier, me dit-il, je le
prendrais. »

Il venait encore des boulets expirer au pied du
mamelon : mais nos colonnes achevaient de renverser
les Prussiens sur la droite ; elles les poursuivirent
jusqu'à la nuit. La victoire était complète. L'Empereur
se retira fort tard du champ de bataille, et il revint au
village près du moulin à vent. De là, il expédia deux
officiers au maréchal Grouchy pour lui ordonner de
poursuivre les Prussiens à outrance et de ne pas leur
laisser le temps de se rallier. C'est le comte Monthion
qui dictait la dépêche. Nous étions, cette nuit-là, tous
de service ; personne ne prit de repos. Mais il manqua
à l'état-major six officiers que l'on disait passés à
l'ennemi.

Le surlendemain, à trois heures du matin, les ordres
furent expédiés pour se porter en avant, et, à sept
heures, toutes nos colonnes s'ébranlaient. L'Empereur
envoya reconnaître le position de l'ennemi, car nous
avions les Anglais devant nous ; ils garnissaient les
hauteurs de Mont-Saint-Jean. L'officier du génie
envoyé pour voir si elles étaient fortifiées rapporta
qu'il n'avait rien vu.

La bataille de Waterloo commençait. Le maréchal
Ney arriva ; il fut tancé pour n'avoir pas déjà chargé

les Anglais. Il reçut l'ordre de s'emparer des hauteurs qu'ils occupaient ; il fut convenu que sitôt qu'il aurait des nouvelles de Grouchy, l'Empereur enverrait l'ordre d'attaquer. Le maréchal rejoignit ses troupes.

Napoléon se porta sur une hauteur, près d'un château sur le bord de la route ; de là, il découvrait toute l'étendue de sa gauche et le point le plus fort de l'armée anglaise.

Les Prussiens ayant été mis en pleine déroute à Ligny, l'avant-veille, on croyait n'avoir plus à s'occuper d'eux ; mais les nouvelles qu'on attendait de Grouchy, chargé de les poursuivre, n'arrivaient toujours pas. Ce silence inquiétait l'Empereur. Enfin, un officier trouva le maréchal qui se promenait, en mangeant des fraises, dans le jardin d'un beau château. L'officier, qui revint faire ce rapport à Napoléon, ajouta qu'il n'avait rencontré aucun Prussien sur sa route. On ne s'était donc pas battu. L'Empereur parut soucieux après avoir entendu ce rapport.

Je fus appelé près de lui, et j'eus l'ordre d'aller un peu à droite de la route de Bruxelles pour m'assurer de l'aile gauche des Anglais, qui était appuyée au bois. Je fus obligé, en quittant l'Empereur, de côtoyer la route, parce qu'il se trouvait un ravin large et profond que je ne pouvais franchir, et de ce côté-ci un mamelon où l'artillerie de la Garde était en batterie. Nous avions été inondés de pluie, la veille, la nuit et la matinée ; les terres étaient détrempées, notre artillerie ne pouvait presque pas manœuvrer.

Lorsque j'eus fait quelques pas en avant, du côté

du ravin, j'aperçus des colonnes d'infanterie en masses serrées qui étaient comme blotties dans cet immense ravin. Je passai vite et j'appuyai un peu à droite. Parvenu près d'une baraque isolée, je m'arrêtai pour regarder à droite. Je voyais de grands seigles derrière lesquels on apercevait des pièces en batterie. Personne ne bougeait. Je fis le fanfaron ; je voulus m'approcher ; mais une masse de cavaliers ne tarda pas à se montrer derrière les seigles. J'en avais assez vu. Il paraît qu'il ne leur convenait pas trop de me voir de près, car ils saluèrent mon arrivée de trois coups de canon.

« Ah ! ah ! me dis-je, les Anglais sont enrhumés ; les voilà qui toussent ! »

Je revins rendre compte à l'Empereur de ce que j'avais vu. Mais Grouchy ne bougeait pas et ne donnait pas de nouvelles. Las d'attendre, Napoléon se décida à ordonner l'attaque générale. Et l'armée s'élança aux cris de : Vive l'Empereur ! Le maréchal Ney fit ce jour-là des prodiges de bravoure. Il avait devant lui une position formidable, dont il ne pouvait s'emparer. A chaque instant, il envoyait près de l'Empereur pour avoir du renfort.

« Je veux en finir », disait-il.

Enfin, le soir, Napoléon lui envoya de la cavalerie qui battit les Anglais. Ceux-ci étaient démoralisés. Encore un effort et ils étaient acculés dans la forêt et réduits. Notre centre faisait des progrès, tandis que l'ennemi fléchissait. Un officier arrive au galop près de l'Empereur :

« Sire, notre aile droite est rompue, et nos soldats battent en retraite.

— Vous vous trompez, répond l'Empereur; c'est Grouchy qui arrive. »

Il ne pouvait croire à un pareil contretemps; il envoya de suite dans cette direction pour s'assurer de la vérité. La triste nouvelle fut confirmée; une colonne prussienne s'avançait rapidement vers nous. Nos soldats battaient en retraite. L'Empereur change aussitôt ses dispositions; par une conversion habile, il se porte vers l'armée prussienne, l'attaque et la repousse. Blücher était arrivé là sans avoir été inquiété. Grouchy cherchait l'ennemi partout où il n'était pas.

La grande conversion pour contenir les Prussiens avait affaibli notre centre, et les Anglais parurent respirer. L'intrépide Ney demandait toujours des renforts qu'on ne pouvait lui envoyer : il voulait vaincre à tout prix, il tenta une escalade pour en finir. Il voyait les Anglais en déroute se sauver sur la route de Bruxelles. C'était comme un tigre à qui on arrache sa proie. Mais la journée s'avançait; l'armée prussienne venait d'opérer sa jonction avec l'armée anglaise. Dès ce moment, la partie devenait trop inégale; il n'y avait plus moyen de tenir devant de pareilles forces. Les deux armées ennemies fondirent sur nous et nous écrasèrent.

Se voyant débordé de toutes parts, l'Empereur prend la Vieille Garde, se porte en avant, au centre de l'armée et fait former les bataillons carrés. Puis il pousse son cheval pour entrer dans le carré de Cambronne. Mais tous ses généraux s'empressent de l'entourer et de s'opposer à l'exécution de son dessein désespéré.

« Que faites-vous ? lui criaient-ils de toutes parts, en lui barrant le passage ; ne sont-ils pas assez heureux d'avoir la victoire ! »

Son désir était assurément de se faire tuer dans la mêlée. Que ne le laissa-t-on l'accomplir ! Par là il se fût épargné bien des humiliations et des souffrances ! Au moins, nous serions morts tous glorieusement à ses côtés, sur le champ de bataille. Mais non ! il luï était réservé, à lui et à nous, de nouvelles et bien rudes épreuves ! Nous eûmes toutes les peines du monde, le contraignant à se retirer avec nous, à nous faire jour à travers cette foule que gagnaient l'épouvante et le désordre.

Mais ce fut bien pis en arrivant à Genappe ; l'Empereur voulait essayer de rétablir un peu d'ordre, d'arrêter, les fuyards, de remonter le moral de ses troupes. Vaines exhortations ! Tout fuyait ! Fantassins, cavaliers, artilleurs se sauvaient pêle-mêle, s'écrasaient dans les rues, sans rien entendre ni rien voir, fuyant devant la cavalerie prussienne, qui poussait des hourras derrière eux. C'était à qui arriverait le plus vite de l'autre côté du pont jeté sur la Dyle. Tout était donc perdu !

Il était près de minuit ; l'Empereur, convaincu de l'impossibilité de rallier son monde avant le jour, envoya plusieurs officiers au maréchal Grouchy pour lui annoncer la perte de la bataille. On ne peut se faire une idée d'une pareille déroute sans en avoir été témoin. Il n'y avait plus de distinction entre les chefs et les soldats ; on ne connaissait, on n'écoutait plus personne. Les cavaliers tuaient leurs chevaux à coups de pistolet. La peur était si grande que plusieurs de ces hommes se brûlèrent la cervelle pour ne pas tomber au pouvoir de l'ennemi, qu'ils croyaient sans cesse voir à leurs trousses. Depuis la grande débâcle de Moscou, je n'avais rien vu d'aussi affreux.

L'Empereur partit de Genappe dans la nuit et se dirigea sur Charleroi. Il donna à tous ses équipages l'ordre de se retirer sur Laon, partie par Avesnes, partie par Philippeville ; puis il se dirigea lui-même sur cette dernière ville, où il entra vers dix heures. Des officiers furent envoyés au maréchal Grouchy pour lui intimer l'ordre, pour le sommer de se porter sur Laon.

On se remit en route pour cette ville. L'Empereur s'arrêta auprès de la montagne qui la couronne. Et là, il eut une grande discussion avec les généraux admis à son conseil : les uns voulaient qu'il restât à son armée, les autres voulaient qu'il partît sans différer pour Paris. Il se rendit presque malgré lui à ce dernier avis :

« Vous me faites faire une sottise, répéta-t-il plusieurs fois ; ma place est ici. »

Après avoir donné des ordres, il fait à la hâte ses préparatifs de départ pour Paris. Cependant un officier paraît qui annonce l'arrivée d'une colonne. L'Empereur envoie la reconnaître : c'est la Vieille Garde qui arrive en ordre du champ de bataille. A cette nouvelle, l'Empereur ne veut plus partir pour Paris. Mais on lui a amené une vieille carriole, avec des charrettes pour son état-major, et les généraux le pressent de ne plus différer son départ. Les traînards affluaient dans la ville.

Enfin, quand tout fut prêt, l'Empereur se présenta à nous dans cette grande cour où nous étions réunis, plus accablés encore de nos malheurs que de nos fatigues. Il demande un verre de vin ; on le lui apporte sur un grand plat ; il l'avale rapidement en notre présence, nous salue sans rien dire, et part... Hélas ! nous ne devions plus le revoir !

Le quartier général réuni, le comte Monthion se mit à la tête. Nous partîmes pour Avesnes, l'oreille basse, le front humilié, ne sachant ce que nous allions devenir. On gagna à marches forcées la forêt de Villers-Cotterets ; à la sortie, épuisés de faim et de fatigue nous fîmes halte dans la maison d'un médecin. Il était nuit. Le général me dit :

« Mon brave, il ne faut pas desseller nos chevaux, car l'ennemi pourrait venir nous surprendre cette nuit même. Je suis sûr qu'il est à notre poursuite ; il ne faut pas nous déshabiller pour être prêts à partir en cas d'alerte. »

Je trouvai du foin pour nos chevaux, qui avaient grand besoin de nourriture ; je consignai nos domestiques et je leur fis faire sentinelle, bride au bras. J'en mis un en faction à la porte du général. Puis, je rentrai près du comte Monthion, et après avoir soupé, je le priai d'ôter ses bottes pour mieux reposer.

« Non, me dit-il, tenons-nous prêts. »

Je tire un matelas :

« Mettez-vous là, vous reposerez mieux que sur une chaise ; je vais veiller les domestiques ; dormez tranquille. »

A trois heures du matin, voilà les Prussiens qui attaquent Villers-Cotterets par notre droite, sur la route de Paris. Au lieu d'arriver par la grande route, ils avaient coupé à droite pour nous renfermer dans la ville. C'est ce qui nous sauva. Ils tombèrent sur des pièces de canon et firent un carnage épouvantable de nos pauvres artilleurs.

A leurs cris, je fais brider à la hâte, je cours réveiller le général, et nous partons.

« Par ici, me dit le comte, suivez-moi. »

Il prend à gauche, dans une allée à perte de vue qui longe la forêt et la plaine. Trois minutes de retard, nous étions pincés. A deux portées de fusil derrière nous, des pelotons de fantassins ennemis arrivaient et posaient partout des factionnaires. Au bout de cette belle avenue de forêt, le général mit pied à terre pour souffler et délibérer un peu. Il se décida à prendre la route de Meaux, où la désolation régnait déjà. Nos déserteurs y arrivaient de tous les points, la plus grande partie sans armes et exténués. C'était un spectacle affligeant.

Meaux était tellement encombré de troupes qu'il nous fallut partir pour Claye sans nous arrêter. Là, le pays était désert ; les habitants avaient déménagé et s'étaient enfuis. On eût dit que l'ennemi avait passé par là et mis tout au pillage. Les populations effrayées se portaient en masse sur Paris avec tout ce qu'elles avaient de plus précieux. Les routes étaient couvertes de voitures et de soldats.

Enfin, on arriva aux portes de Paris par la barrière Saint-Denis ; tout était barricadé. Nos troupes étaient réunies auprès de Paris, dans cette belle plaine de Vertus, où Grouchy arriva avec son corps d'armée qui n'avait pas souffert du tout. On nous dit qu'il avait trente à trente-cinq mille hommes. Le maréchal Davout était établi à la Villette ; il était ministre de la guerre, général en chef de l'armée, enfin il était à peu près tout le gouvernement.

En qualité de vaguemestre du grand quartier général, j'avais le droit de me présenter tous les jours chez lui pour recevoir ses ordres, pour assister aux distributions ; et là je voyais arriver toutes les députations, les généraux et les bourgeois. Rien ne nous manquait ; les Parisiens nous envoyaient jusqu'à des cervelas et des pains d'élite pour l'état-major.

Le matin, à quatre ou cinq heures, j'étais sur pied, et j'ai vu plus d'une fois des gardes nationaux monter par-dessus les murs de clôture de l'enceinte, prendre à gauche du village dans la crainte de se faire arrêter et se porter sur la ligne pour faire le coup de feu avec les Prussiens. Un matin qu'il en arrivait un assez grand nombre, je voulus suivre leur mouvement : c'était le 29 ou le 30 juin. Je monte à cheval et je pars bien armé : j'avais deux pistolets carabinés qui portaient à une distance incroyable ; ils m'avaient du reste coûté cent francs.

J'arrive donc dans cette belle plaine des Vertus, ayant la Vieille Garde à ma droite et les gardes nationaux à ma gauche. Parvenu à la tête de nos factionnaires de première ligne de la Vieille Garde, l'arme au bras, je leur parlai.

Ils étaient furieux de leur inaction :

« Point d'ordres, me dirent-ils ; les gardes nationaux font le coup de feu, et nous, nous sommes obligés de rester là, l'arme au bras. Nous sommes trahis, capitaine.

— Non, mes amis, vous recevrez des ordres, prenez patience.

— Mais on nous défend de tirer !

— Dites-moi, mes braves soldats, je voudrais passer la ligne. Je vois là-bas un officier prussien qui fait des embarras. Je voudrais lui donner une correction, si vous me laissiez faire. Ne craignez rien, je ne passerai point à l'ennemi. »

Ils ne firent aucune difficulté. J'avais déjà fait quelques pas en avant, lorsque j'aperçois à peu de distance quatre beaux cavaliers qui se dirigeaient de mon côté. L'un s'approche et me dit :

« Vous venez donc sur la ligne en amateur?

— J'y viens comme vous, je pense.

— Vous paraissez bien monté.

— Et vous aussi, Monsieur.

— Mais qu'allez-vous chercher sur la ligne des Prussiens?

— Vous voyez cet officier qui fait caracoler si fièrement son cheval là-bas : je voudrais aller lui dire deux mots. Il a l'avantage de me déplaire.

— Mais vous ne pouvez approcher de lui sans danger.

— Oh ! pour cela, je connais mon métier : je vais essayer de le faire sortir de sa ligne et de le mettre un peu en humeur. S'il se fâche et s'approche de moi, il est perdu ; je me charge de lui faire son affaire. Vous, Monsieur, restez là, je vous prie ; en me suivant de trop près vous dérangeriez ma manœuvre.

— Eh bien, soit ; voyons comment vous allez vous en tirer. »

Je pars bien résolu, et j'arrive au milieu des deux lignes. L'officier prussien, en me voyant, croit sans doute que je veux passer de son côté. Il sort de la ligne pour venir au-devant de moi et comme pour me recevoir. Cependant il s'arrête à cent pas des siens et m'attend venir ; je m'arrête à mon tour à distance et, tirant un pistolet pour le taquiner un peu, je l'ajuste et fais feu. La balle siffle à ses oreilles sans le toucher. Aussitôt voilà mon homme qui fait lestement demi-tour à gauche, mais sans paraître disposé à reculer.

Je l'attends toujours. Voyant qu'il n'avance plus et fait même, à la fin, mine de fuir, je m'élance à sa poursuite et lui envoie un second coup de pistolet. Cette fois, il se fâche tout rouge et me charge à fond de train. Je ne demandais que cela. Je me mets à manœuvrer comme d'usage. Mon premier à gauche le met en

défaut. Alors il revient sur moi et m'envoie un coup de
pointe que je pare vigoureusement en relevant le sabre
au-dessus de sa tête ; puis, sans perdre de temps, je
rabats ma lame sur sa figure, et je frappe si fort que
son nez va tout entier, je crois bien, rejoindre son menton. Il tombe à la renverse sans donner signe de vie.
Je saisis son cheval et reviens en triomphe vers nos
avant-postes.

Les soldats m'entourèrent, et le beau cavalier, qui
avait suivi avec intérêt mes mouvements dans la plaine,
accourut au galop au-devant de moi.

« Je vous félicite, me dit-il, c'est affaire à vous, mon
brave ; vous savez vous y prendre. On voit que vous
n'en êtes pas à votre coup d'essai ! Voulez-vous bien
me donner votre nom ?

— Pourquoi faire, s'il vous plaît ?

— Ah ! c'est que j'ai des amis puissants à Paris, et
je voudrais, en leur faisant part de cette belle action,
leur en nommer l'auteur. A quel corps appartenez-
vous ?

— A l'état-major de l'Empereur.

— Comment vous nommez-vous ?

— Jean-Roch Coignet.

Il tira aussitôt son calepin et prit note.

— Mais, Monsieur, lui dis-je à mon tour, par
réflexion, si j'osais je vous demanderais aussi votre
nom. »

Il se nomma ; mais je ne pris pas comme lui de
note écrite. Cependant, en recueillant bien mes souvenirs, je crois me rappeler que son nom était Borey, ou

plutôt Bory de Saint-Vincent. J'aurai occasion de reparler de lui.

Je rentrai au quartier général, bien fier de ma capture. Tout le monde me regardait. Un officier s'approche et me demande d'où vient ce cheval que je tiens à la main.

« C'est, lui dis-je, un cheval qui a déserté. Il vient de passer de notre côté. Je l'ai agrafé et je l'amène.

— Bonne prise », me dit-il.

Arrivé à mon logement, je fus à l'état-major prendre un air de bureau. Je trouvai là beaucoup de monde auprès du maréchal. Toute la nuit se passa en conférences et en allées et venues. Le lendemain, 1er juillet, nous reçûmes l'ordre de nous porter au midi de Paris, derrière les Invalides. J'allai prendre les derniers ordres de mon général, le comte Monthion.

« Partez, nous dit-il, à son aide de camp et à moi ; Paris est rendu. L'ennemi va prendre possession de la ville dans les vingt-quatre heures. Vous seriez arrêtés, si vous persistiez à y séjourner. »

Nous partîmes de suite ; l'ennemi entrait comme nous sortions de Paris. Arrivé à la barrière d'Enfer, où l'armée était réunie, je trouvai le maréchal Davout qui, les bras croisés, à pied, contemplait sans rien dire les débris de notre belle armée. On avait beau crier dans les rangs : En avant ! en avant ! personne ne faisait attention à ces cris. Mais si ces malheureux soldats avaient su que leur Empereur n'était pas loin, qu'il était gardé à vue à la Malmaison ; si l'armée avait su cela, elle aurait volé à son secours ! Mais nous ne savions absolument rien de ce qui se passait.

On nous dirigea sur Orléans, de là sur Bourges. Le maréchal Macdonald vint prendre là le commandement de l'armée de la Loire. Son chef d'état-major était le baron Hulot, beau-frère du général Moreau, et qui n'avait qu'un bras.

A la fin de 1815, l'armée impériale fut totalement licenciée ; on en forma des régiments qui portaient les noms des départements. Celui de l'Yonne, dans lequel j'étais incorporé, était commandé par le colonel Ganet, parfait colonel. A la fin de décembre arriva ma feuille de route ; elle me fut remise le 1ᵉʳ janvier 1816. Le maréchal Macdonald me dit :

« Mon brave, je suis obligé de vous renvoyer dans vos foyers avec demi-solde. Je regrette sincèrement d'être obligé de vous faire partir, mais j'ai reçu des ordres formels. »

Je demandai la permission de me rendre à Paris pour vendre mes chevaux, ce qui me fut accordé. En sortant de l'hôtel du maréchal, je me dis :

« Voilà de belles étrennes ! Il va falloir se serrer le ventre avec la demi-solde. »

Le 4 janvier, je partis de Bourges ; le lendemain, j'arrivai à Auxerre. J'écrivis à mon frère pour le prier de me faire passer deux cents francs ; ils me furent envoyés de suite. Je les employai à acheter du foin, de la paille et de l'avoine pour mes chevaux et je m'établis à des conditions très économiques chez Carolus Monfort, aubergiste.

Le 7 janvier, je me rendis chez le général commandant le département, pour lui faire ma visite d'arrivée.

« Général, lui dis-je, me voilà rentré sous vos ordres. Le maréchal Macdonald m'accorde une permission de quinze jours pour aller à Paris vendre mes chevaux, et mon intention est de partir demain.

— Je vous défends de sortir d'Auxerre.

— Mais, général, j'ai une permission.

— Je vous répète que je vous défends de sortir d'Auxerre.

— Mais, général, je suis sans fortune et j'ai trois chevaux de prix dont je veux me défaire ; je ne puis plus les nourrir.

— Cela ne me regarde pas ; si vous ne pouvez pas nourrir vos chevaux, vendez-les.

— Mais, à Auxerre, je ne trouverai pas à les vendre à leur valeur.

— Laissez-moi tranquille. Si vous ne pouvez les vendre, brûlez-leur la cervelle.

— Non, général, je ne le ferai pas ; ils mangeront plutôt jusqu'à ma vieille redingote. Mon cheval de bataille, monté par moi, a aidé à sauver l'Empereur, à Waterloo. Mon cheval de bataille est, comme moi, couvert de gloire. »

Je me retirai consterné. J'ignorais alors que j'allais être mis sept ans sous la surveillance de la haute police. On n'eut pas grand'peine à me garder, car je ne bougeais pas de la ville. Installé chez Carolus Monfort, je formais le noyau de sa table d'hôte. Le régiment de l'Yonne était caserné à l'hôpital des fous ; seize à dix-sept officiers du régiment vinrent prendre pension à mon auberge. Parmi eux se trouvait un vieux capitaine qui se mettait toujours en face de moi à table. Il n'avait pas l'air très à son aise avec ces jeunes officiers ; je crus remarquer qu'il désirait se lier avec moi ; je ne tardai pas à lui en fournir l'occasion.

Les jeunes gens sont ordinairement vantards et se familiarisent vite, à table surtout. Or, deux de nos plus jeunes convives, au bout de quelques jours, se vantèrent, l'un d'avoir été dans les gardes du corps, l'autre d'avoir suivi le Roi à Gand. Ils allèrent plus loin, en affirmant que dans l'affaire du maréchal Ney, ils s'étaient travestis en vétérans, et qu'il avait été fusillé par eux. Oh ! alors, je les tins à l'œil. Je fus un instant prêt à sauter par-dessus la table pour les payer comptant et en nature. Il fallut se retenir, en se réservant de les pincer au premier jour.

Le vendredi suivant, on nous sert pour légumes un plat de lentilles. Voilà mes deux fanfarons qui jettent feu et flammes contre l'hôtesse. Ils veulent faire passer le plat par la fenêtre. Voyant que personne ne s'oppose à leurs petites fureurs, ils vont mettre leur menace à exécution. Alors d'un ton calme et ferme, je leur dis :

« Doucement, Messieurs, doucement ! Vous injuriez la maîtresse de la maison assez légèrement. Et puis, il me semble que votre vieux capitaine et moi nous aurions droit à un peu plus de réserve et de déférence ; avant de condamner le plat de lentilles, il faudrait au moins l'avoir goûté. Eh bien, en ma qualité de président de table, j'invite votre capitaine à y goûter et à nous dire franchement son avis : c'est lui qui décidera. »

Le capitaine défère à mon invitation et déclare qu'il trouve les lentilles excellentes. Mes deux mutins de s'emporter de plus belle, et de crier qu'ils n'en voulaient pas, qu'ils n'en mangeraient pas. Toutes ces bravacheries commençaient à m'échauffer la bile.

« Vous n'en voulez pas comme les voilà, leur dis-je d'une voix très accentuée ; et si je vous les faisais manger confites dans mon *bocal* pendant vingt-quatre heures, en voudriez-vous ? Et si, pour vous donner de l'appétit, je vous faisais faire auparavant le tour de la ville avec un fouet de postillon, ça vous irait-il ? Eh bien ! il faut en passer par là, ou accepter les lentilles telles que les voilà, c'est à choisir. Vous m'avez compris ? Ça suffit. »

Mes deux bouches fines me regardèrent sans mot dire. Ils se gardèrent bien d'accepter mon défi.

Je reçus l'invitation de me présenter tous les dimanches chez le général pour assister à la messe en corps. De l'église on allait chez le préfet ; il fallait se faire voir partout. Nous étions beaucoup à la demi-solde ; le salon du général était plein. J'avais soin de faire l'arrière-garde dans l'antichambre pour éviter les courbettes. A la fin, je fus aperçu par le général :

« Approchez, mon brave capitaine.

— Que me voulez-vous, général ?

— Si vous le voulez, je me charge de vous faire avoir une compagnie de grenadiers.

— Merci, général ; le maréchal Macdonald me l'avait déjà offert, et j'ai refusé. »

Mes camarades s'étonnaient ; pas un d'eux n'osait souffler mot. Cependant il s'en trouva un qui, plus hardi que les autres, dit :

« Il faut laisser là ce fameux vaguemestre, qui est revenu chargé d'or ! »

Cette sortie insolente me fit tressaillir. Je fis un pas et relevant mon gilet, je m'écriai :

« Voyez, général, comme je flotte dans mes habits, pauvre, mais irréprochable et couvert de gloire ! Voyez l'autre : les trois boutons de son habit ont peine à contenir sa graisse. Quant à sa gloire militaire !... »

Quand je rentrai chez moi, j'étais comme suffoqué par la colère. Je m'étonnais de trouver tant d'ennemis dans mon pays. J'aurais voulu être encore en Russie ; là, du moins, j'avais mes ennemis devant moi !

Une troupe d'acteurs vint s'installer chez Carolus. Ils me pressèrent d'aller au spectacle. J'y fus, un dimanche. En rentrant, une autre comédie m'attendait. Il était onze heures. Je prends ma lanterne pour aller visiter mes chevaux, comme chaque soir. Je parlais quelquefois tout haut à ces vieux compagnons ; je venais de leur dire : « Vous voilà donc couchés, mes bons amis ! » lorsque j'entends marcher près de la porte extérieure de l'écurie. J'ouvre aussitôt, et je me vois en face d'une patrouille, l'arme au pied.

« Voilà, dis-je alors, en montrant mes chevaux, les personnes à qui je parlais. »

Ils constatèrent leur déception et se retirèrent confus.

Au café Milon, je fis la connaisssnce de M. Raveneau-Chaumont. L'été, nous sortions de la ville et, par les petits sentiers, nous allions contempler nos belles plaines. Je me croyais seul avec mon ami; pas du tout. J'aperçus, un jour, un homme à plat ventre dans une perchée, qui nous écoutait. La police était jour et nuit en éveil contre moi. Je fus appelé devant le maire.

« Vous êtes dénoncé, me dit-il, il faut faire attention. »

Je protestai énergiquement; je ne parlais jamais politique. Je demandai à être confronté avec mes dénonciateurs.

« Allez, me répondit-il, je vous crois, mais observez-vous. »

Chaque fois qu'il y avait quelque chose, je voyais venir le sergent de ville. Il se nommait Monbon, long de taille, culotte courte, des mollets comme un chevreuil, et au coin de l'oreille une loupe grosse comme un melon d'un sou d'Appoigny. Il était risible, mais je ne riais guère.

« Notre ami, me disait-il, venez parler au maire, il a deux mots à vous dire. »

Enfin, je me décidai à vendre mon beau cheval de bataille pour neuf cent vingt-quatre francs ; il m'avait coûté le double. D'Auxonne — le régiment s'était rendu d'Auxerre dans cette ville pour y tenir garnison — le chirurgien-major du 60e m'écrivit que si je voulais douze cents francs des deux autres et quatre-vingts francs pour le voyage, il fallait les conduire à Dijon où le gros major et un autre commandant en prendraient livraison.

Mais pour aller à Dijon, il fallait obtenir la permission ! J'entendais la réponse : « Je vous défends de sortir de la ville ! » Une idée me vint : il fallait partir sans en donner avis à personne.

Donc je me lève dans la nuit, et me voilà filant doucement dans les ténèbres avec mes deux chevaux. A deux heures du matin, j'étais sur le pont d'Auxerre, le lendemain matin, à 8 heures, j'entrai à l'hôtel du Chapeau-Rouge, à Dijon. Les officiers se trouvaient là, ils voulurent voir de suite mes chevaux. Pendant qu'on les amenait, le gros major me dit :

« Le maître des chevaux n'est donc pas venu ?

— Vous me prenez sans doute pour son domestique ? Je crois pourtant n'en avoir pas trop la figure. J'ai été militaire, et décoré avant vous, ne vous déplaise ! »

Mon homme me regardait avec de grands yeux.

« Lequel des deux prenez-vous ? »

Il fit son choix et me remit six cent quatre-vingts francs. Ce n'était pas un fin connaisseur ; ce cheval valait moitié moins que l'autre qui me restait. Pour le lui prouver, j'offris de le faire monter par l'escalier de la maison jusqu'au premier étage et de redescendre par le même chemin, moi dessus bien entendu. Je le fis manœuvrer dans la cour ; il exécuta d'une manière admirable tous les mouvements possibles. A la fin, je lui fis poser les pieds sur l'appui d'une croisée. Le major bisquait dans sa peau.

« Celui que vous avez choisi, lui dis-je, était mon cheval de porte-manteau ; il n'est point dressé. Je vous engage à prendre garde le long des rivières. Il aime beaucoup à se baigner. »

Je disais vrai. Ma prédiction ne tarda pas à s'accomplir : j'appris que, peu de temps après, se trouvant à Lyon, sur les bords du Rhône, le major et le cheval avaient pris un bain des plus copieux dans une saison où l'on n'a guère l'habitude de se mettre à l'eau. Je revis cet officier à Auxerre, au café Milon ; il faisait sa partie de billard. En m'apercevant, il jeta sa queue là et ne voulut pas me voir.

Je refusai de vendre mon autre cheval et, après trois jours d'absence, je rentrai chez moi sans qu'on se fût aperçu de ma disparition.

Je vivais assez retiré ; dans ce temps-là on parlait beaucoup politique, ce qui ne me convenait nullement. Bien entendu, on encensait les vainqueurs en donnant le coup de pied aux vaincus. Cela me faisait mal à entendre. Je reçus, un jour, une invitation pour un grand dîner ; il y avait beaucoup de monde, mais j'y connaissais peu de gens.

Le dîner fut très beau, très gai. On mangeait, on buvait, on jasait. Mais, au dessert, voilà qu'un invité se met à déblatérer contre mon Empereur, et d'une manière très virulente. Il tombe sur les vieux soldats et sur la Grande Armée ! Alors je ne peux me retenir de prendre la parole et de venger vigoureusement la mémoire de Napoléon et la gloire de ses compagnons d'armes.

Cette scène fit du bruit en ville ; elle ne fut pas la seule. Le 21 janvier, on célébra l'anniversaire de la mort de Louis XVI. Nous reçûmes l'ordre d'aller chez le général pour nous rendre à la préfecture, et de là tous en corps à la cathédrale. Après le service, il y eut sermon.

Nous formions le cercle devant la chaire, le général au milieu. Le prédicateur lut le testament de Louis XVI, puis il tomba sur Napoléon, qu'il appelait l'usurpateur Bonaparte, et sur ses armées qui avaient, disait-il, ravagé et ruiné l'Europe. Nous autres, vieux guerriers, nous avions tous la pâleur au front. En sortant, personne n'osa parler de son émotion. J'en fus malade pendant plusieurs jours.

Même convocation à la Fête-Dieu, pour la procession. On se rend chez le général et ensuite chez le préfet. Nous manquons la sortie de la procession. Nous courons pour rattraper le clergé. A peine arrivés à notre place, derrière le général, on nous crie de tous côtés : *En arrière les officiers ! en arrière !* C'était le tribunal qui voulait passer devant nous. Les juges arrivaient avec leurs grandes robes. Je me trouvais à gauche, et j'avais près de moi le procureur du roi, qui me dit avec impatience :

« En arrière ! Vous n'entendez pas que je vous crie de vous retirer ?

— Je dois suivre mon général.

— Je vous dis de laisser passer le tribunal ! !

— C'est donc vous qui commandez ? Eh bien, f..., commandez donc.

— Je ne vous connais pas, reprend dédaigneusement
le magistrat, mais...

— Je vous connais bien, moi, et j'ai lieu de m'étonner
de vos procédés, car je suis en tenue, à ma place, et
nous ne devons pas quitter le général. Si aussi bien
vous étiez officier, je vous dirais deux mots. »

Tous les officiers présents trépignaient d'indignation.
Quelques chevaliers de Saint-Louis eurent l'insolence
de me dire de souffleter le procureur ; je les regardai
avec mépris. Et comme l'un d'eux insistait :

« Que me conseillez-vous là, vous autres ? Ce serait
bon pour vous. Et puis, si vous le faisiez, vous seriez
pardonnés. Tandis que moi je serais bien sûr d'être
fusillé. »

Il était plus prudent de céder, pourtant. Nous
allâmes prendre la gauche derrière le tribunal. Il
fallut encore cette fois avaler la pilule.

Bientôt il nous fut enjoint de nous procurer des
établissements ; ce qui voulait dire : Vous êtes répu-
diés, allez-vous-en. Ceux qui n'avaient pas le moyen
de rester en ville, se sauvèrent à la campagne et
prirent place à la table du laboureur. C'est égal, je
crus pouvoir me fixer à Auxerre. Cependant je com-
mençais à m'ennuyer de végéter ainsi ; la pensée de
prendre femme me revenait sans cesse.

Le hasard me conduisit un jour chez M. Maure, un
de mes dignes amis. Il avait pour fille de boutique
une sienne cousine. J'avais déjà remarqué l'activité,
l'intelligence et la bonne conduite de cette personne.
En la revoyant je pensai qu'elle pourrait bien me conve-

nir. Mais je n'en soufflai mot à personne. Dans le même temps, cette aimable personne trouva à acheter un petit fonds de commerce avec la maison, contenant et contenu, sans en rien dire à ses parents. Elle conclut marché et s'établit aussitôt. J'ignorais ces circonstances et je l'avais presque perdue de vue, lorsque, un soir, passant chez M. Labour, confiseur, Mme Labour me dit :

« Connaîtriez-vous un capitaine décoré qui demeure à Champs ?

— Non, madame.

— C'est qu'il désirerait se marier avec une demoiselle de nos amies qui était chez M. Maure et qui vient de s'établir.

— Tiens, me dis-je à part en me pinçant les lèvres, c'est ma particulière. Où est-elle donc établie?

— Au coin de la rue des Belles-Filles.

— Je ne connais ce capitaine que pour l'avoir vu quelquefois aux cérémonies. Je ne puis donc vous donner aucun renseignement sur lui. »

Le même jour, je me rends chez Mlle Baillet, celle qu'on se disposait à me souffler. Je lui demande une livre de café frais moulu. Je tripote dans la boutique pendant qu'elle fait tourner son moulin. Je n'avais pas peur, mais j'hésitais. Mon paquet ficelé et payé, il fallait bien se décider à parler ou à sortir :

« Ce n'est pas précisément cela qui m'amène chez vous, Mademoiselle ; et je voudrais vous dire quelque chose en particulier.

— Eh bien ! Monsieur, nous sommes sans témoin ; qu'avez-vous à me dire ? Parlez, je vous écoute.

— Je viens vous demander votre main pour moi. Je fais ma commission moi-même comme vous voyez. Je ne sais pas faire des phrases ; c'est un franc militaire qui vous parle. »

Cette déclaration émut un peu ma marchande. Elle reprit bien vite son aplomb.

— Si vous me parlez franchement, Monsieur, je vais moi vous répondre avec la même franchise. Eh bien, ça pourrait tout de même se faire... »

Je pris heure avec elle pour parler plus au long, et nous ne fûmes pas longs à nous entendre. Je me mariai le 17 août 1818. J'avais une femme, et une excellente femme. Si ça n'avait été l'inquiétude des dénonciations, j'aurais été le plus heureux des hommes. Ma femme n'y comprenait rien :

« Mais tu ne sors pas d'ici, me disait-elle, qu'ont-ils à te reprocher ? »

Ma retraite fut liquidée et arrêtée le 23 août 1829, jour où expiraient mes trente ans de service révolus ; elle se montait à quatorze cent cinquante francs, au lieu de neuf cent trente que j'avais seulement ; je le devais aux bons offices de M. le baron Martineau, à qui un ami avait parlé pour moi.

Mais de nombreux orages se préparaient dans la politique. Paris, qui donne toujours le branle aux révolutions, donna le signal. Charles X fut chassé. Auxerre ne resta pas en arrière. Les plus fougueux patriotes faisaient un bruit à étourdir un sourd. Leur chef revint rayonnant de Paris avec un paquet de proclamations. Il monta gravement sur les bornes afin de planer sur la foule, et de là il débitait sa graine à niais, à tous ceux qui en voulaient, et il y en avait beaucoup.

La garde nationale fut organisée après le retour du calme, et je fus à mon insu nommé porte-drapeau. La ville fit faire un drapeau qui coûta six cents francs; la draperie était aussi large que la grande voile d'un vaisseau de 74. Les franges me tombaient sur la figure; je pliais sous le poids. On me tenait des heures entières à parcourir la ville. Je souffrais aussi de tous les fourriers et caporaux qu'on m'adjoignait pour escorte; les trois quarts, pris de vin, me bousculaient à chaque pas et m'écrasaient les pieds. Mes fatigues nationales me devenaient insupportables. Enfin, on m'adjoignit un ancien gendarme décoré, comme aide ; sinon je n'aurai jamais fini mon bail.

A quelque temps de là, le duc d'Orléans vint à Auxerre ; il nous portait un drapeau brodé par la Reine, disait-on. Il y eut une grande revue à cette occasion. Le prince arriva à cheval, portant lui-même le drapeau. Je me présentai devant lui et lui dis :

« Prince, vous remettez ce drapeau dans les mains du soldat qui a été décoré par Napoléon, le premier des légionnaires, le 14 juin 1804, aux Invalides.

— Très bien, mon brave, me répondit-il ; c'est une raison de plus pour qu'il vous soit confié. »

Cette déclaration avait frappé le duc d'Orléans. Le Roi fit demander mes états de services. Il trouva que j'avais été nommé officier de la Légion d'Honneur le 5 juillet 1815, par le gouvernement provisoire. Je ne sus tout cela que dix-sept ans plus tard, en janvier 1847 : Louis-Philippe m'avait nommé officier de la Légion le 28 novembre 1831. Je devais ma nomination des Cent-Jours à ce bel officier qui m'avait vu déplumer si lestement un officier prussien dans la plaine des Vertus. Il faut dire que le général Monthion n'était pas étranger non plus à tout cela.

Le 16 août, jour de ma naissance, approchait. Je me promettais de célébrer joyeusement ce jour-là. Hélas ! ce même jour je fus frappé du plus grand des malheurs, en perdant ma compagne chérie, après trente ans d'heureux jours passés avec elle. Me voyant seul, accablé d'ennui, je conçus le projet d'écrire mes vieux souvenirs pour me distraire un peu de ma tristesse. Ma résolution bien arrêtée, j'achetai du papier, de l'encre et des plumes, et je me mis courageusement à l'œuvre. J'ai tout écrit de mémoire : aussi ce n'est pas l'histoire des autres, c'est la mienne, sans passion, sans haine, avec toute la franchise d'un vieux soldat qui eut toujours comme devise :

L'Honneur est mon guide.

TABLE DES MATIÈRES

ÉVREUX, IMPRIMERIE CH. HÉRISSEY, PAUL HÉRISSEY, SUCC^r